# Mind Time

Michael Chaskalson
Megan Reitz

# Mind Time

Como Apenas Dez Minutos de Atenção Plena
Podem Melhorar seu Trabalho, sua Saúde e sua Felicidade

*Tradução*
Felipe de Gusmão Riedel

Editora
Cultrix
SÃO PAULO

Título do original: *Mind Time*.
Publicado originalmente em inglês por Harper Collins Publishers, Ltda.

Copyright da edição brasileira © 2021 Editora Pensamento-Cultrix Ltda.

1ª edição 2021.

Todos os direitos reservados. Nenhuma parte desta obra pode ser reproduzida ou usada de qualquer forma ou por qualquer meio, eletrônico ou mecânico, inclusive fotocópias, gravações ou sistema de armazenamento em banco de dados, sem permissão por escrito, exceto nos casos de trechos curtos citados em resenhas críticas ou artigos de revistas.

A Editora Cultrix não se responsabiliza por eventuais mudanças ocorridas nos endereços convencionais ou eletrônicos citados neste livro.

**Editor:** Adilson Silva Ramachandra
**Gerente editorial:** Roseli de S. Ferraz
**Preparação de originais:** Danilo Di Giorgi
**Gerente de produção editorial:** Indiara Faria Kayo
**Editoração eletrônica:** S2 Books
**Revisão:** Erika Alonso

### Dados Internacionais de Catalogação na Publicação (CIP)
### (Câmara Brasileira do Livro, SP, Brasil)

Chaskalson, Michael
    Mind time : como apenas dez minutos de atenção plena podem melhorar seu trabalho, sua saúde e sua felicidade / Michael Chaskalson, Megan Reitz ; tradução Felipe de Gusmão Riedel. -- 1. ed. -- São Paulo : Editora Pensamento Cultrix, 2021.

    Título original: Mind Time
    ISBN 978-65-5736-096-5

    1. Atenção plena 2. Autoajuda 3. Autoconhecimento 4. Estresse 5. Felicidade 6. Meditação - Uso terapêutico 7. Mindfulness - Terapia cognitiva 8. Psicologia 9. Terapia cognitiva I. Reitz, Megan. II. Título.

21-59843
                CDD-158.1

#### Índices para catálogo sistemático:
1. Mindfulness : Atenção plena : Meditação : Psicologia 158.1
Aline Graziele Benitez - Bibliotecária - CRB-1/3129

Direitos de tradução para o Brasil adquiridos com exclusividade pela
EDITORA PENSAMENTO-CULTRIX LTDA., que se reserva a propriedade literária desta tradução.
Rua Dr. Mário Vicente, 368 — 04270-000 — São Paulo, SP
Fone: (11) 2066-9000
http://www.editoracultrix.com.br
E-mail: atendimento@editoracultrix.com.br
Foi feito o depósito legal.

**Michael**
Para Annette –
e para Ellie, Chloe, Ollie e Scarlett

**Megan**
Para Steve, Mia e Lottie –
e John, Rachel e Doug Goodge

# PIM

Permitir
Investigar
Metaconsciência

# Sumário

| | |
|---|---|
| Introdução | 11 |
| Capítulo 1 Por Que PIM? | 17 |
| Capítulo 2 Aprendendo o PIM | 43 |
| Capítulo 3 PIM para Melhorar os Relacionamentos | 69 |
| Capítulo 4 PIM para Ser Feliz | 93 |
| Capítulo 5 PIM no Trabalho | 119 |
| Capítulo 6 PIM para Melhorar a Saúde | 145 |
| Capítulo 7 PIM para Melhorar o Equilíbrio Entre a Vida Profissional e a Vida Pessoal | 173 |
| Capítulo 8 Utilizando o PIM em Momentos Difíceis | 205 |
| O Início | 223 |
| Sobre Nossa Pesquisa | 227 |
| Sobre os Autores | 231 |
| Agradecimentos | 237 |
| Outros Recursos | 239 |
| Referências | 241 |

# Introdução

Sua mente é extraordinária. Sua mente, a mente que neste exato momento vê marcas pretas em um papel branco e as transforma, sem esforço, em significados variados. A mesma mente que vê a expressão "pôr do sol" e a converte facilmente em uma visão interna de cores e sombras. Sem a menor dificuldade.

Que extraordinário. Que milagre.

Para realizar esse incrível feito, sua mente tem um processador de informações mais potente do que todos os computadores, roteadores e conexões de internet da Terra juntos. Você sabia, por exemplo, que um pedacinho do seu cérebro, do tamanho de um grão de areia, contém 100 mil neurônios e 1 bilhão de sinapses, todas se comunicando umas com as outras?[1] O cérebro é o supercomputador da mente, capaz de conectar 100 trilhões de *bits* de informação.

Com toda essa incrível capacidade disponível, como usamos nossa mente?

Resposta rápida: não tão bem quanto gostaríamos. Para começar, passamos cerca de metade do nosso tempo acordados pensando em algo além do que está acontecendo no presente momento.[2] E continuamos a realizar múltiplas tarefas – como pedir uma pizza enquanto passeamos com o cachorro e ligamos para um primo na Austrália. Contudo, pesquisas recentes apontam que realizar múltiplas tarefas reduz de modo significativo nosso desempenho geral.[3]

É preciso considerar também tudo o que nossa mente faz no piloto automático. Ao acordar pela manhã, ainda deitado na cama, sonolento, você pega o celular para checar os e-mails? No caminho para o trabalho, você se irrita quando alguém buzina, sem pensar que talvez possa ser alguém tentando lhe avisar sobre algo útil?

A verdade é que estamos conscientes apenas de uma pequena fração do que pensamos, sentimos e percebemos. Somos pouco conscientes de como e por que nos comportamos de determinada maneira. É como se estivéssemos no comando de um grande, luxuoso e moderno transatlântico e só navegássemos na região próxima ao porto.

O problema é que, embora tenhamos todo esse enorme potencial à nossa disposição, nossa mente não vem com um manual de instruções. Por mais milagrosa que seja, não sabemos utilizá-la em sua plenitude e só conseguimos realizar uma navegação rudimentar.

Todos nós recebemos algum nível de educação. Aprendemos a calcular e formar frases; talvez tenhamos aprendido História, Geografia, ciência, tecnologia, idiomas ou comércio. Sabemos cozinhar e fazer compras, navegar na internet e dirigir um carro. Somos capazes de executar as funções necessárias ao nosso trabalho. Podemos até mesmo desempenhar algumas dessas tarefas com um desempenho excepcionalmente alto. Mas não é a mesma coisa. Ainda não usamos ou direcionamos nossa mente de forma eficaz. Isso afeta a maneira como nos relacionamos com os outros, nossos sentimentos, nossos pensamentos e como vivenciamos o mundo à nossa volta.

Na maior parte das vezes, nossa mente funciona no modo automático e temos pouca consciência do que estamos fazendo. Esse modo de agir nos mantém confinados aos limites estreitos dos nossos hábitos. Mentalmente, emocionalmente e na forma como nos comportamos, continuamos fazendo o que sempre fizemos – e a obter os mesmos resultados. Às vezes conseguimos quebrar esse ciclo e criamos novas maneiras de fazer as coisas. Porém, com uma triste previsibilidade, essas novas resoluções e boas intenções quase nunca se mantêm por muito tempo, e acabamos voltando para o modo automático.

Essa é a má notícia. A boa notícia é que podemos ser muito melhores do que isso, e chegar lá não é tão difícil. Precisamos apenas saber como usar nossa mente de maneira mais eficaz.

Este livro vai ajudar você a tirar sua mente do modo automático com mais frequência. Os programas de treinamento que levamos a todos os cantos do mundo e nossas pesquisas indicam que todos podemos fazer isso – e que, quando fazemos, a vida fica muito melhor. Nos tornamos mais resilientes, cultivamos relacionamentos mais fortes e passamos a ser capazes de lidar melhor com acontecimentos inesperados. Nos sentimos mais despertos, mais vivos e criativos. E isso acontece porque nós realmente somos tudo isso!

Tudo o que acontece em nossa rotina diária molda e altera nossa mente de maneira sutil (ou não tão sutil). Uma ligação telefônica complicada nos deixa um pouco abatidos; um comentário alegre nos deixa mais animados. A mente é uma espécie de lente líquida, sempre se movendo e mudando. E como a mente muda, o mundo percebido por ela também muda. Ainda há casas, ruas e árvores por aí afora, mas a qualidade de nossas experiências se altera.

E a melhor notícia é que isso leva apenas 10 minutos por dia. Sim, apenas 10 minutinhos. Chamamos isso de Mind Time, e trata-se de algo do qual todos nós precisamos.

Se você puder reservar 10 minutos do dia para realizar algumas práticas simples, e se realmente seguir os conselhos sobre como realizá-las, as coisas devem melhorar no prazo de alguns meses. Essa é a nossa promessa. Mas você tem que se comprometer com os 10 minutos do seu dia. Ninguém mais pode fazer isso por você.

O fato de ter escolhido este livro mostra que está em busca de algo para tornar sua vida melhor. A questão é: você está pronto para embarcar em uma fascinante jornada de expansão da mente? Esperamos que sim. A vantagem é enorme.

Vamos apresentá-lo à sua própria mente para que possa ver com mais clareza como ela funciona. Vamos mostrar algumas alavancas que você pode puxar para começar a moldá-la melhor. Vamos ensinar você a se afastar um pouco – só um pouquinho – para que perceba com mais frequência o que sua mente está fazendo. Isso vai permitir que faça escolhas mais eficazes a respeito de para onde quer conduzi-la.

No primeiro capítulo, vamos expor o problema de forma mais abrangente e sugerir algumas soluções. Vamos discutir a pesquisa que conduzimos e introduzir algumas práticas simples que você pode fazer todos os dias. Isso vai ajudá-lo a desenvolver três capacidades fundamentais, às quais nos referimos como PIM:*

1. **Permitir** – uma atitude de bondade e aceitação.
2. **Investigar** – uma curiosidade com relação à experiência do seu momento presente.
3. **Metaconsciência** – é a capacidade de observar os pensamentos, os sentimentos, as sensações e os impulsos da forma como estão realmente acontecendo e vê-los como temporários e não como "fatos".

---

* Traduzido do termo em inglês AIM (Allowing, Inquiry e Meta-awareness).

O PIM vai ajudá-lo a se tornar mais ativo e consciente de si mesmo, dos outros e do mundo ao seu redor. E essa consciência maior vai lhe proporcionar mais opções. É nisso que o PIM consiste – respostas a partir de escolhas em vez de reações sem escolhas.

Os elementos do PIM são identificados no Capítulo 1. Permitir e Investigar são mais fáceis de compreender – embora a complexidade esteja na prática dessas capacidades. Metaconsciência é obviamente a mais desafiadora. "Meta" significa "além" ou "em um nível superior". Estamos, desse modo, nos referindo aqui a um tipo específico de consciência. Ela descreve um modo particular de *observar* e de ser capaz de *descrever* o que está acontecendo no fluxo, em constante mudança da sua experiência a cada momento. Isso é explicado com mais detalhes no Capítulo 1.

O Capítulo 2, "Aprendendo o PIM", discute as práticas do Mind Time que irão ajudá-lo a moldar sua mente e mostra como ter acesso aos áudios que guiarão você pelas práticas.

De muitas formas, o Capítulo 2 é a parte principal do livro. Encorajamos você a começar imediatamente a praticar o Mind Time quando ler este capítulo. E a continuar a realizar as práticas. Os benefícios oferecidos levam algum tempo para aparecer.

Nos capítulos seguintes, veremos como você pode aplicar algumas das habilidades que aprendeu em partes importantes da sua vida. Vamos focar em:

- PIM para melhorar os relacionamentos (Capítulo 3)
- PIM para a felicidade (Capítulo 4)
- PIM para um trabalho eficaz (Capítulo 5)
- PIM para melhorar a saúde (Capítulo 6)
- PIM para o equilíbrio entre a vida profissional e a vida pessoal (Capítulo 7)

- PIM em tempos difíceis (Capítulo 8)

Por fim, simplificamos as coisas e deixamos você com uma inspiração final.

Nossa mente é a chave para revelar a vida que queremos levar. O estado da nossa mente não tem apenas efeito direto sobre nossa felicidade, nosso aprendizado, nossa criatividade e nosso desempenho, mas também afeta aqueles que nos rodeiam: nossa família, nossos amigos e conhecidos. O estado da nossa mente determina como vivenciamos a vida e também tem grande influência sobre a vida daqueles que estão ao nosso lado. Já não é hora de aprendermos a moldar nossa mente e deixarmos de ser moldados por ela? Acreditamos que sim, e este livro lhe mostrará como fazer isso.

Michael Chaskalson e Megan Reitz

Junho de 2017

## Capítulo 1

# Por Que PIM?

Imagine...

Você está sentado à mesa em uma reunião de família. Todos estão presentes: seus pais, sua esposa, seus filhos, seu irmão e sua irmã. Está tudo maravilhosamente bem e todos estão se divertindo. Mas surge então um assunto que acende velhas tensões entre sua mãe e seu irmão.

Sua mãe comenta; seu irmão se irrita e responde.

Sua mãe se ergue na cadeira e reage com raiva. E eles começam a discutir.

É um padrão familiar. Todos os outros ficam em silêncio, observam constrangidos — e tentam em vão direcionar a conversa para algo mais leve.

Você se sente tenso, chateado e resignado, preso em uma discussão familiar que existe há anos e provavelmente continuará a existir por muito mais anos mais. Você está irritado com sua mãe e com seu irmão. Gostaria que eles resolvessem o assunto. Você está farto da montanha-russa emocional causada por essas situações e diz para si mesmo que talvez seja melhor evitar esse tipo de reunião de agora em diante.

No entanto, nada precisa ser assim.

Você não pode mudar sua mãe, não pode mudar seu irmão e nem a dinâmica entre eles. Mas você pode mudar a maneira como você está na situação – e isso pode mudar tudo. Com o PIM – Permitir, Investigar e Metaconsciência – você vivencia as coisas de maneira diferente.

Veja como funciona.

**Permitir** tem dois lados. Há o lado da sabedoria e o lado da compaixão.

Por meio da sabedoria, você deixa o fato *ser* o que o fato é. Isso significa reconhecer que este momento – este exato momento, o agora – não poderia ser outra coisa senão o que é. Você não pode voltar no tempo e mudar as coisas para que este momento se torne diferente. O agora é o que é. E você só tem capacidade de escolher o que fazer no momento seguinte quando permite que o agora seja o que realmente é.

Assim, na questão entre sua mãe e seu irmão, você reconhece que o que é, é. E é assim que é. Não faz nenhum sentido desejar que o agora poderia, por alguma mágica, ser diferente.

Desperdiçamos muito tempo desejando que as coisas não sejam como são. "Se eu fosse diferente" ou "se eles fossem diferentes" ou "se meu trabalho fosse diferente", "se eu tivesse mais dinheiro", "se eu fosse mais bonito, atlético", ou... qualquer outra coisa. Nada disso ajuda. As coisas são o que são. Só começamos a ter alguma capacidade real de escolha sobre o que fazemos no momento seguinte quando passamos a ser capazes e podemos permitir que as coisas sejam o que são.

Este momento não pode ser alterado, mas o próximo momento ainda não foi decidido. O que fazemos agora molda o que vem a seguir, e quando nossas ações estão baseadas em *permitir* e reconhecer a realidade do momento elas se tornam muito mais sábias e eficazes.

Parte do primeiro passo com o PIM, no exemplo acima, é permitir que a situação seja realmente o que ela é. Mas isso não significa ser frio e indiferente, porque, assim como há o lado da sabedoria no Permitir, há também o lado da compaixão.

Compaixão consiste em ser mais receptivo e gentil com todos os envolvidos em cada situação – você e os outros. No caso citado, pode significar olhar com carinho e preocupação para toda a infelicidade que sua mãe e seu irmão estão causando a si mesmos ao protagonizarem aquele drama familiar. Significa ser gentil e estar atento a todos os envolvidos no momento, incluindo a si mesmo.

A compaixão precisa começar com você. Essa ideia geralmente vai contra nossas suposições sobre o que é compaixão ou bondade. Mas o fato é que desenvolver a capacidade de sermos gentis conosco pode nos ajudar a sermos mais gentis com os outros.

É tão fácil e tão comum ser duramente autocrítico. Às vezes somos capazes de falar com nós mesmos de maneiras que jamais falaríamos com os outros. "Onde deixei minhas chaves? Ah, que idiota! Eu perdi as chaves de novo. Eu sempre faço isso. É estupidez. Eu sou tão idiota!" Se um amigo lhe dissesse que perdeu as chaves e você respondesse dessa forma ele consideraria essa linguagem muito ofensiva.

É utilizando o Permitir que somos mais gentis conosco. E somos gentis com os outros e os aceitamos melhor. Todo mundo tem sua própria história, que os moldou para serem como são. Estamos todos fazendo nosso melhor para viver e sobreviver. Sim, algumas pessoas nos incomodam. Alguns são brutos e indelicados. Mas se entendêssemos de fato como é estar na pele deles – como é ser eles – talvez fôssemos menos críticos. Por meio do Permitir, diminuímos um pouco a nossa própria rigidez e juízo crítico – em relação a nós mesmos, aos outros e às situações nas quais nos encontramos.

Então, no caso da sua mãe com seu irmão, você permite que, naquele momento, a experiência seja o que de fato é.

Você não fica zangado por permitir que a situação mexa com você. Você não fica zangado com os outros à mesa – isso não ajudaria. E em vez de desejar que as coisas fossem diferentes, você é capaz de aceitar que elas são o que são. Goste você ou não, o que está acontecendo está acontecendo.

A segunda parte do PIM é **Investigar**.

Investigar consiste em expressar um vigoroso interesse em cada instante da experiência do momento presente. Ao desenvolver sua capacidade de investigação, você conhecerá um mundo cada vez mais interessante. Começa a notar o que está acontecendo dentro de você, seus pensamentos, seus sentimentos, suas sensações corporais e seus impulsos neste exato momento. Fica mais interessado no que está acontecendo fora de você, no mundo ao seu redor, no momento presente. Fica mais interessado em outras pessoas – o que está acontecendo com elas? E você fica muito mais interessado no que está acontecendo entre você e os outros – a constante mudança, a infinita e fascinante dinâmica das relações humanas.

Por meio da Investigação, a rica e complexa tapeçaria deste presente momento se ilumina, você se torna mais vivo a cada momento e começa a enxergar a profundidade das coisas.

Voltando àquela situação da família, você começa a investigar em vez de reagir. Amplia sua atenção e, em vez de se perder no que está acontecendo lá fora – como se estivesse imerso em um programa de TV, emocionalmente à mercê do que está por vir – você passa a se interessar pela sua experiência. Começa a questionar o que os outros à mesa podem estar vivenciando. Você percebe coisas no espaço à sua volta que estão influenciando o que está acontecendo.

Perguntas surgem na sua mente: "O que estou sentindo aqui e agora?", "O que eu vejo no rosto dos familiares?", "Qual é o clima na sala agora?"', "O que estou vendo que poderia me dar uma pista sobre essa estranha dinâmica?".

Você está aberto, envolvido e interessado. Vivo para o que está acontecendo. Gentil e curioso.

E temos ainda a **Metaconsciência**, o terceiro elemento do PIM.

Você está "dentro" da sua experiência, sentindo e percebendo o que está acontecendo e, ao mesmo tempo, é capaz de perceber a forma como ela se desenrola para você.

Você percebe e consegue, até certo ponto, descrever seus pensamentos, seus sentimentos, suas sensações corporais e seus impulsos à medida que eles surgem e passam. O foco da lente da consciência pode ser direcionado apenas a você e à sua experiência interior, mas também pode ser ampliado. Você é capaz de prestar atenção fora de si mesmo – você observa a linguagem corporal e as expressões faciais das pessoas com quem se relaciona. Você percebe o calor da sala e como a música que está tocando é bem animada e alegre, em contraste com a tensão presente na sala.

Metaconsciência é uma forma de vivenciar tudo. Todos nós a nutrimos em alguma medida, e podemos desenvolvê-la muito mais. Veja um exemplo que pode ajudar você a entender um pouco melhor o que queremos dizer com *metaconsciência*.

Se você já andou no metrô de Londres na hora do *rush* está familiarizado com essa experiência. Você está aguardando o trem em uma plataforma da estação às 17h30. Está quente e lotado. Foi um dia difícil e você está esgotado. Você não vê a hora de chegar em casa, tirar os sapatos, pegar uma bebida e relaxar. Um trem chega. As pessoas empurram para sair – quase não há espaço na plataforma – enquanto outros correm para entrar. Empurrado por trás, você consegue embarcar. Está ali em pé, com calor, sem fôlego e espremido por todos os lados quando o trem sai. Parece quase não haver espaço para respirar. Você fica cada vez mais irritado.

"Ah, não. Isso é insuportável!", você pensa. "Por que estou fazendo isso comigo? As pessoas não têm noção! Se mais uma pessoa empurrar a mochila contra meu rosto eu juro que vou gritar! Pela manhã todos fedem a loção pós-barba. À noite é cheiro de suor. Isto é ridículo! É completamente insuportável..."

E assim por diante.

Essa é uma maneira de lidar com o que está acontecendo.

Aqui está outra maneira. Você começa a ficar irritado, mas a *metaconsciência* entra em ação. Você se dá conta de que sua mandíbula está travada e que seus ombros estão erguidos, quase ao lado das suas orelhas. Você percebe que seus pensamentos e sentimentos mudaram para o modo "inútil resmungo interior".

Então você relaxa a mandíbula, relaxa os ombros e se afasta do resmungo. "Puxa, estou tendo pensamentos tão irritantes!"

Nesse caso, a diferença é entre *estar irritado* e *perceber* que você está tendo pensamentos e sentimentos irritantes.

Este momento em que você recua um pouco e observa o que está fazendo e o que está acontecendo é uma leve reorientação – mas que muda tudo.

Na primeira condição, você está "criando irritação" de maneira inconsciente – perdido em seu resmungo interior, lidando com o mundo como se fosse um lugar intolerável (não é, pois se você faz esse trajeto todos os dias, deve ser tolerável). Na outra situação, se dá conta do que está acontecendo e começa a exercer um pouco da sua capacidade de escolha. Você consegue aliviar a mandíbula, relaxar pelo menos um pouco os ombros e torna-se capaz de ficar ali sentindo o desconforto do momento sabendo que ele só vai durar mais alguns minutos. Talvez você se dê conta que isso faz parte do preço que paga por viver em uma cidade tão vibrante e tão cheia de oportunidades.

A Metaconsciência consiste em acordar a cada instante para o que está acontecendo conosco – com nossos pensamentos, nossos sentimentos, nossas sensações corporais e impulsos. Quando adquirimos essa consciência, nos tornamos capazes de escolher o que vamos fazer no momento seguinte. Quando isso não acontece, ficamos presos na rotina das nossas reações habituais e familiares.

• • • • • • • • • • • • • • • • • • • • • • • • • • • • • • • • • • • • •

Quando Permitir, Investigar e Metaconsciência se unem, em qualquer combinação, abre-se um espaço no qual somos capazes de *responder* – e não de reagir – a qualquer situação em que nos encontremos. Lembre-se, o PIM compreende a capacidade de *responder* com escolha em vez de *reagir* sem escolha.

O PIM permite que você esteja mais qualificado para se sentar à mesa com sua família. Você vê o que está acontecendo de uma maneira muito mais rica, que o permite fazer escolhas. Você pode escolher intervir de maneira hábil quando possível. Você pode preferir não interferir se a oportunidade não se apresentar. Mas, seja qual for sua atitude, sua reação tem origem em uma escolha sensata, gentil e informada. O PIM é exatamente o oposto da reação inconsciente que mantém dinâmicas familiares conflituosas girando eternamente.

No entanto, é importante perceber que aplicar os princípios do PIM não é o mesmo que ser frio ou indiferente. O fato de não nos deixarmos envolver em padrões familiares conflituosos não significa que não sentimos o que acontece ao nosso redor. Não significa que não nos importamos, que nos tornamos inertes. Muito pelo contrário. O PIM possibilita que nos envolvamos nas situações com mais recursos para agir – ou não agir – com cuidado, bondade e interesse, da maneira que parecer mais apropriada. Podemos responder de forma criativa ou podemos reagir irracionalmente ao que encontrarmos no caminho.

Ao desenvolver os princípios do PIM, você melhora sua capacidade de dar respostas de forma criativa. Isso pode fazer uma grande diferença na sua vida e na vida das pessoas ao seu redor.

Aprender o PIM não significa que você terá mais amigos, ganhará mais dinheiro ou salvará o planeta – embora nunca se saiba. Mas esse aprendizado vai fazer uma diferença crucial: vai dar mais opções de escolha a você. À medida que sua capacidade de escolher for se desenvolvendo, você descobrirá que pode começar a agir de maneira mais cuidadosa e informada. Isso deixará você mais feliz. No caso daquela reunião familiar, vai possibilitar que influencie de maneira muito mais produtiva as pessoas de quem gosta, em vez de apenas ficar cabisbaixo e se irritar ao assistir o drama à mesa de jantar – ou fazer parte da cena e acrescentar ainda mais conflito na dinâmica familiar.

Em suma, você se torna mais sábio e mais gentil.

A questão é que todos nós podemos *permitir* e *investigar* até certo ponto. Todos temos capacidade de exercer a *metaconsciência* em algum nível. No entanto, você não pode simplesmente decidir aumentar essas virtudes como se isso dependesse apenas da sua vontade. Você precisa treinar a mente para melhorá-las. Existem exercícios simples que você pode realizar para aumentar seu PIM. É exatamente isso que as práticas do Mind Time são.

Este livro e as práticas do Mind Time vão ajudar você a utilizar melhor o PIM. Nossa confiança na eficácia das práticas vem do nosso trabalho ao longo de muitos anos, incluindo um estudo de três anos sobre os efeitos das práticas do Mind Time na capacidade de utilização do PIM – Permitir, Investigar e Metaconsciência. Os achados foram publicados como relatórios e uma série de artigos na *Harvard Business Review*. (Para mais informações sobre nossa pesquisa, veja o quadro abaixo e a seção no final do livro.)

## 10 MINUTOS DE MIND TIME POR DIA MUDARÃO SUA MENTE

PIM é uma forma de Mindfulness (Atenção Plena), que se refere à capacidade de escolher estar consciente no momento presente, na sua experiência do momento, e a como isso se relaciona com a situação em que você se encontra. É manter uma consciência compassiva e cuidadosa. Os elementos fundamentais do Mindfulness, como os enxergamos, estão nos conceitos de Permitir, Investigar e Metaconsciência.

 **A REGRA DOS 10 MINUTOS**

> Os participantes da nossa pesquisa queriam tornar-se melhores – como pais, amigos e colegas de trabalho. Aqui estão alguns exemplos dos problemas para os quais eles queriam ajuda.
>
> Quais destes são similares aos seus?
>
> - "Quero ser um bom pai e aproveitar melhor o tempo com meus filhos."
> - "Quero ser mais resiliente – ser capaz de lidar com a pressão no trabalho."

- "Quero sentir que tenho mais espaço e tempo para fazer outras coisas além de trabalhar."
- "Quero me sentir menos ansioso – ficar de bom humor com mais frequência."
- "Quero dormir melhor."
- "Quero aproveitar ao máximo o potencial da minha equipe e ajudá-los a se desenvolver."
- "Quero ser capaz de lidar melhor com meu vizinho / familiar / chefe."
- "Quero ser o melhor amigo e parente possível."

O que descobrimos foi muito interessante.

As pessoas que realizaram o treinamento mostraram melhorias no Mindfulness e na resiliência. Mas houve uma relação direta entre a frequência da prática diária de Mind Time e a intensidade das mudanças verificadas em diferentes áreas.

Na medida em que o tempo dedicado às práticas aumentava, também cresciam os avanços nas virtudes da resiliência, da colaboração, da agilidade, da escolha de perspectiva, dos aspectos de empatia e do Mindfulness. Os níveis de angústia foram reduzidos. Elas relataram um aumento da autoconsciência e autogestão, principalmente em relação à capacidade de controlar suas emoções, de ver outras perspectivas e "reestruturar" situações potencialmente difíceis ou estressantes em casa e no trabalho.

> Elas também relataram um sono melhor, redução dos níveis de estresse, mais equilíbrio entre a vida profissional e a vida pessoal e também aumento da confiança diante de situações difíceis.
>
> Mas quanto tempo de Mind Time é "suficiente"? Observamos uma regra simples durante o estudo.
>
> Aqueles que praticaram 10 minutos ou mais por dia, em média durante oito semanas, obtiveram melhoras mais significativas nos níveis de Mindfulness e resiliência do que aqueles que praticaram por menos tempo do que isso.

Aumentar o PIM pode mudar sua mente e sua vida. Nossa pesquisa e nossa experiência ensinando milhares de pessoas ao longo de muitos anos mostram que você pode melhorar o PIM praticando algumas técnicas simples. Mas, como tantas outras coisas na vida, os benefícios vêm com a prática regular dessas técnicas. É como aprender a tocar um instrumento musical. Mudar nossa mente requer prática. Prática diária. Isso é uma boa notícia, porque é algo tangível. A melhor notícia é que sabemos quanto tempo precisamos dedicar a essa prática para obter resultados significativos.

Durante nossas pesquisas descobrimos que menos de 10 minutos por dia proporcionam alguma mudança, mas não o bastante. É a partir de 10 minutos por dia que as mudanças realmente começam a se fazer notar. Essa é uma descoberta importante.

Pense nisso. Apenas 10 minutos – e você começa a mudar sua mente.

Para colocar isso em perspectiva, vamos fazer as contas.

Se você está dormindo a média atual da população do Reino Unido, de cerca de 6,8 horas por noite (e não as 7,7 horas que a maioria de nós acredita que precisa), isso significa que você fica acordado por 17,2 horas por dia.[1] São 1.032 minutos. Dez minutos de Mind Time por dia, portanto, representam menos de 1% do seu tempo acordado.

Pouco menos de 1% do seu tempo será dedicado ao Mind Time, e utilizar o PIM pode refletir em uma melhora significativa na sua vida. Além disso, sabemos por experiência própria e por relatos de outras pessoas que quanto mais você praticar o PIM melhor fica a vida daqueles que o cercam.

Verificamos também que quanto mais os participantes do nosso projeto de pesquisa praticaram mais eles mudaram. Contudo, as mudanças significativas começaram a ser notadas a partir de 10 minutos. Quando praticaram menos, eles não mudaram o bastante. Então, nós encorajamos você a praticar pelo menos 10 minutos de Mind Time todos os dias. Se conseguir praticar durante mais tempo, melhor. Mas descobrimos que é improvável que você obtenha benefícios com menos do que isso.

As práticas de Mind Time que ensinamos aos participantes da pesquisa lhes proporcionaram vivenciar o PIM por diversas vezes. Tantas a ponto de se tornar habitual. Os três aspectos do PIM – Permitir, Investigar e Metaconsciência – tornaram-se instintivos.

Agora, vamos analisar os três elementos mais detalhadamente para ajudar você a desenvolvê-los com a prática.

## PERMITIR

Permitir consiste em encarar as situações com uma atitude de abertura e bondade, consigo mesmo e com os outros. Não significa ser passivo ou desistir, e sim encarar o que está acontecendo naquele momento e usar sua energia de maneira mais produtiva, em vez de desperdiçá-la desejando que as coisas fossem diferentes do que são.

Amy é mãe de três filhos pequenos, uma pessoa otimista e positiva, mas que vive cansada. Trabalhou conosco por alguns meses para melhorar seu PIM. Supercomprometida com seu papel de mãe, queria ser capaz de equilibrar a vida pessoal com a vida profissional, que também é muito importante para ela. Amy explicou o *permitir* da seguinte maneira:

> "É a capacidade de deixar as coisas fluírem com mais facilidade e não se preocupar demais com elas. Aceite as coisas como elas são. Tem relação também com o reconhecimento mais profundo de que existem coisas que você não pode mudar. Então a melhor opção é ir em direção a elas e estar com elas."

Sem a habilidade para *permitir*, nossa autocrítica e o julgamento que fazemos dos outros vão anular a capacidade de *investigar* e observar o que realmente está acontecendo.

Vejamos o caso de Matt, um pai que nos procurou solicitando ajuda. Nós o conhecemos há alguns anos em seu contexto profissional, embora a coisa mais importante para ele seja sua família e ser um bom pai.

A filha adolescente de Matt estava com problemas na escola, e a situação estava piorando. Os níveis de ansiedade de Matt haviam atingido um ponto crítico. Toda vez que ela se metia em confusão, ele perdia o controle. Isso o deixou sentindo-se completamente incapaz como pai. Ele não tinha ideia de como abordar o assunto com a filha, estava com problemas para dormir e ficava constantemente ruminando sobre o assunto. Seu casamento também começou a ser prejudicado. Ele e sua esposa começaram a culpar um ao outro pelo comportamento da filha.

Nós percebemos como essa situação estava afetando o trabalho de Matt quando assistimos a uma reunião com sua equipe. Quando ele se levantou para falar sobre o andamento de suas tarefas, sua linguagem corporal e seu tom de voz denunciaram o quão esgotado e ansioso ele estava. Ele não conseguia fixar seu olhar nos expectadores e precisou se esforçar para se lembrar dos detalhes e responder às perguntas. Ele se atrapalhou durante toda a apresentação e deixou o restante da equipe sem saber como reagir.

Depois, conversando com Matt, perguntamos o que se passava pela sua mente quando se levantou para fazer a apresentação.

> "Eu sabia que não me sairia bem. Estava exausto, tão nervoso. Havia uma voz dentro da minha cabeça dizendo: 'Você não vai se sair bem... você não vai se sair bem...', então fui mal. Quanto mais eu sentia que estava indo mal, mais irritado eu ficava. Eu disse a mim mesmo: 'Controle-se!', Quanto mais eu dizia isso, mais irritado e mais tenso ficava comigo mesmo. Quanto mais tenso eu ficava, mais irritado ficava. Fiquei pensando: 'Estou decepcionando a mim e a todos'. E conforme previ, acabei decepcionando mesmo."

As coisas estavam inegavelmente difíceis para Matt e seria bem melhor se ele tivesse conseguido se abrir mais com sua equipe e pedido ajuda. Porém, isso nem sempre é possível em todos os locais de trabalho. Mas outra coisa que teria ajudado seria Matt ter reagido à voz em sua cabeça com compaixão em vez de com raiva. No entanto, ao ouvir a voz ele ficou ainda mais irritado e, como resultado, acumulou mais pressão sobre si mesmo.

Você reconhece esse tipo de voz? Um participante do curso que conduzíamos descreveu-a como um "papagaio venenoso" que fica no nosso ombro sussurrando palavras desencorajadoras no nosso ouvido.

Se naquele momento ele tivesse sido capaz de perceber que o pensamento "você não vai se sair bem" era apenas um pensamento, que não era "a verdade", e se tivesse lidado com esse pensamento com compaixão e aceitação ("Ah sim, esse pensamento de novo. É apenas um pensamento, e é permitido ter esses pensamentos...") as coisas poderiam ter sido diferentes. Ele teria sido capaz de ordenar melhor seu estado emocional. Teria tido a oportunidade de respirar um pouco melhor e de observar a situação com mais atenção, para se tranquilizar e começar a *investigar* o que estava acontecendo.

Isso poderia ter feito toda a diferença.

## INVESTIGAR

Vejamos agora o segundo elemento do PIM.

Richard é um alto executivo perspicaz e vivaz – um cara legal, mas incrivelmente enérgico. Ele lidera uma equipe de sucesso em um ramo industrial exigente. Tem esposa e dois filhos, mas convive pouco com eles por causa do trabalho. Busca resultados rápidos e parece obtê-los. Mas tem dificuldades em um ponto muito importante. Richard é tão reativo que seus subordinados têm medo dele. Ninguém se arrisca a abrir a boca por receio de que ele descarte suas ideias e os julgue incapazes. O mesmo acontece em sua casa – a esposa e os filhos não costumam falar com ele a respeito de seus problemas porque acham que se fizerem isso ele vai apenas oferecer soluções rápidas e lhes dizer para que superem logo o problema e que parem de reclamar. Ouvir e empatia são duas virtudes pelas quais Richard *não* é conhecido.

Richard está determinado a mudar seu comportamento. Seu casamento e seu relacionamento com os filhos depende disso. Ele também sabe que para que sua equipe trabalhe de maneira eficaz deve haver mais compartilhamento de ideias, aprendizado com os erros e mais confiança para falar.

Quando conhecemos Richard, ele estava ciente de seu comportamento e das consequências de suas atitudes, mas não sabia como controlá-los. Ensiná-lo as habilidades de ouvir ou falar sobre os benefícios da colaboração e empatia – coisas que ele já sabia – não faria diferença. Coerção, persuasão ou ensinamento não teriam efeito algum no caso dele.

Em vez disso, temos ajudado Richard a se perguntar como ele está se comportando no presente momento. A ideia é ter menos foco em como ele quer ser e priorizar em *investigar* como ele é.

Isso pode soar paradoxal, mas se *investigar* sua experiência atual com interesse, em vez de tentar mudá-la, você pode reagir de forma natural e, por fim, chegar à mudança desejada.

E se perguntarmos como está sua postura enquanto você lê esta frase? Em que posição está sua coluna neste exato momento? Quais músculos estão tensos ou relaxados? Enquanto faz a si mesmo essas perguntas e encontra as respostas para elas, há uma grande chance de você mudar sutilmente sua postura. Isso não resulta de você ter ficado tentando ou se esforçando – ou de termos explicado sobre boa postura e depois lhe dito para adotá-la. A mudança simplesmente aconteceu porque você percebeu. E ela não vai acontecer a menos que você primeiro *investigue*.

As pessoas que participaram do programa nos falam sobre a importância de *investigar* durante o caminho que trilharam para se tornarem mais cheias de vida e vigorosas. Elas aprenderam a se interessar por suas próprias experiências.

Jenny é enfermeira. É amável e atenciosa, o tipo de pessoa que você gostaria que estivesse cuidando de você se estivesse em um hospital. Sempre almejando ser ainda melhor no seu trabalho, Jenny praticou o PIM conosco por vários meses. Ela percebeu que o que fez a maior diferença na maneira como ela cuida dos pacientes foi sua capacidade de *investigar* as próprias experiências no momento presente. Conforme explicou: "Eu me pergunto: 'Por que estou me sentindo assim? O que é esse sentimento?'. Com essa *investigação*, passo a me interessar pelo que estou sentindo, em vez de simplesmente querer que esse sentimento vá embora".

Explorar perguntas como essas de maneira aberta e vigorosa pode ser muito eficaz. Simplesmente fazer uma pergunta e investigar tudo o que surgir a partir dela pode por si só levar a mudanças.[2] Investigar é útil tanto no trabalho quanto fora dele. Por exemplo, pedir para uma pessoa observar a maneira como fala com seu chefe vai encorajá-la a perceber como ela fala e como seu chefe a ouve.[3] Com isso, ela pode sair da próxima conversa com o chefe com uma compreensão muito melhor do que de fato aconteceu naquela situação e se comprometer a falar de forma mais eficaz. Ou ela pode sair frustrada por perceber que seu chefe não a ouve. Assim, isso pode levá-la a exercer pressão sobre seu chefe para forçá-lo a mudar o comportamento no futuro. De qualquer modo, o sistema vigente acaba sendo alterado. Fazer perguntas leva a mudanças.

A *investigação* é a chave de ignição – se formos estimulados a pensar e a fazer perguntas, teremos um momento para parar e refletir. Se não perguntarmos, não seremos estimulados a fazer nada diferente nem a aprender. Se não aprendermos, não mudaremos.

## METACONSCIÊNCIA

Quando realizamos as práticas do Mind Time, voltamos nossa atenção de forma deliberada (mas gentil e amável) para a experiência do momento presente. Nossa mente divaga e, ao percebermos que divagou, a trazemos de volta para o momento presente. Exercitamos dessa forma as partes do nosso cérebro envolvidas na observação e na descrição das experiências, bem como aquelas envolvidas em foco e atenção. Ao fazer isso, adquirimos a capacidade de realizar essa ação em um nível que nos permite acionar essas redes cerebrais e usá-las sempre que precisarmos delas em nosso dia a dia.

Este nível de consciência é diferente de simplesmente ter um senso geral de compreensão. Estamos falando de *metaconsciência*. Como vimos anteriormente, "meta" significa "além" ou "em um nível mais alto". Então, estamos apontando para um tipo específico de consciência. Ela descreve um modo particular de observar e de ser capaz de descrever o que está acontecendo no fluxo sempre em mutação da sua experiência a cada momento da sua vida.

Essa pode ser uma ideia difícil de compreender, mas ela vai se tornando mais clara à medida que você passa de fato a experimentar as práticas do Mind Time.

Às vezes o fluxo da nossa experiência é calmo e constante, mas em outras ocasiões é muito mais turbulento. Podemos pensar nisso como a ação conjunta de quatro elementos – nossos pensamentos, nossos sentimentos, nossas sensações corporais e nossos impulsos. Eles se combinam e se recombinam de forma imprevisível e de todas maneiras possíveis.

O fluxo da nossa experiência – pensamentos, sentimentos, sensações corporais e impulsos – está sempre fluindo, sempre mudando, do dia em que nascemos ao dia em que morremos. E aqui está o cerne da questão: podemos estar imersos nesse fluxo, apenas experimentando. Ou, em momentos especiais, podemos notar o fluxo e sermos capazes de ver o que está nos acontecendo. Nesse momento a *metaconsciência* manifesta-se e surge algo novo e sutilmente poderoso.

A *metaconsciência* nos torna capazes de escolher.

Quando estamos conscientes dos nossos pensamentos, sentimentos, sensações corporais ou impulsos como sendo apenas o que são – apenas um pensamento, apenas um sentimento, apenas uma sensação ou apenas um impulso – uma nova liberdade pode surgir.

Podemos pensar em *metaconsciência* como uma capacidade maravilhosa que nos permite fazer ao mesmo tempo duas coisas aparentemente contraditórias. Por um lado, ainda estamos no fluxo da nossa experiência, simplesmente porque é impossível deixarmos esse fluxo. Enquanto estivermos vivos, estaremos vivendo experiências. Mas a *metaconsciência* nos permite parar por um momento na margem do fluxo e vê-lo fluir, ao mesmo tempo que continuamos nele.

Por meio da *metaconsciência*, estamos em ambos os lugares, no fluxo e ligeiramente à parte dele, observando-o de forma objetiva, percebendo o que está acontecendo.

Imagine que você está em um navio de mastro alto, com grandes velas e uma tripulação de 50 homens trabalhando duro no convés. Uma tempestade atinge a embarcação. Você se agarra ao convés para não ser lançado ao mar. Metaconsciência é a capacidade de subir no cesto da gávea para observar. Você ainda está no navio: está totalmente ciente de como a oscilação do navio faz você se sentir, sente o vento bater no seu rosto, você está integralmente na experiência. Contudo, você também está levemente distante, e agora é capaz de olhar o restante da tripulação. Você é capaz de ver a tempestade e como ela está atingindo o navio. Você consegue enxergar o quadro todo.

Peter é pai solteiro, um sujeito quieto e introvertido. Ele iniciou o Mind Time conosco porque estava sofrendo com níveis muito altos de ansiedade. Tentava gerenciar compromissos profissionais com a rotina de pai, além de cuidar do pai idoso. O ponto que fez a diferença primordial para Peter foi ter desenvolvido a capacidade de observar os pensamentos em vez de ser controlado por eles. Ele explicou:

> "As práticas me permitiram retomar o controle sobre meu próprio pensamento. Isso é reconhecer que estou escolhendo meus pensamentos e que eles não são eu, mas apenas ruídos que estão em mim."

Para ter uma ideia a respeito do que estamos falando na prática, tente fazer o seguinte experimento.

Vamos apresentar de forma resumida dois cenários diferentes e convidar você a refletir sobre cada um deles, separadamente, por alguns segundos. Caso o conteúdo deles não lhe seja familiar, imagine algo que se ajuste melhor à sua realidade.

## Cenário 1

Você teve uma noite terrível. Acordou de repente às três da manhã sentindo-se ansioso – isso o deixou preocupado. Você sabe que não é nada bom ter pensamentos como esses a essa hora da manhã – eles são sempre exagerados –, mas mesmo assim deu corda a eles. Um pensamento levou a outro. Para completar, começou a se preocupar com o fato de que não estava dormindo e que isso o deixaria cansado e significativamente abaixo de sua capacidade para o dia atarefado que teria pela frente. Por fim, adormeceu às cinco e meia, e o alarme o acordou às seis e meia da manhã. Você começou seu dia com os olhos pesados, como se houvesse areia sob suas pálpebras.

Você deixou as crianças na escola pela manhã e elas saíram do carro sem dizer uma única palavra.

No que você pensou? Como se sentiu?

Reflita por um momento sobre essas questões antes de ler o Cenário 2.

## Cenário 2

Você teve uma ótima noite. Uma dessas noites bem satisfatórias e confortáveis em que se deita cedo e dorme a noite inteira, até a hora de se levantar. A quantidade ideal de sono. Você se sente bem.

Você deixou as crianças na escola pela manhã e elas saíram do carro sem dizer uma única palavra.

No que você pensou? Como se sentiu?

Agora temos apenas uma pergunta para você. Houve alguma diferença nas sensações entre o Cenário 1 e o Cenário 2?

Quando analisamos esses cenários, geralmente encontramos poucas pessoas que não sentem alguma diferença entre eles. Ao contrário, há um número significativo de pessoas que sentem uma grande diferença entre os dois cenários.

"No primeiro cenário eu estava tão irritado que pensei: 'Ah sim, claro, eu sou apenas o taxista...'. Mas no segundo cenário foi diferente. Eu pensei: 'É isso aí, são adolescentes....'"

É exatamente o mesmo acontecimento – os filhos saem do carro sem falar – mas você tem interpretações diferentes dependendo do seu estado emocional.

A maneira como sua mente é moldada pelo primeiro cenário apresenta um mundo no qual seus filhos não ligam para você e o tratam como um taxista. O segundo cenário, com sua mente moldada de forma diferente, apresenta um mundo onde seus filhos são apenas adolescentes com suas próprias preocupações e que, apesar de achar que esse comportamento talvez justifique uma conversa em um outro momento, você acha que por enquanto tudo bem. Não significa, necessariamente, que seus filhos não se importam.

O que está acontecendo aqui?

Acontecimentos adversos nos fazem acreditar que a maneira como pensamos e sentimos foram motivadas pelo que aconteceu. "Claro que me sinto irritado. Você não viu como eles simplesmente saíram sem me agradecer?" Mas não é o acontecimento que nos faz reagir daquela maneira.

Em um estado emocional pensamos e nos sentimos de um jeito em relação ao acontecimento ("Eu sou apenas seu taxista!"). Em outro estado, pensamos e sentimos de outra forma ("Ah, são adolescentes..."). E não é só isso. Também é importante perceber que a maneira como pensamos e sentimos em relação ao que acontece tem um impacto direto sobre nosso estado emocional decorrente.

Nos irritamos quando as crianças saem sem se despedir e isso nos deixa arrasados, ou seja, em um estado emocional inferior. Quando estamos em um estado mais positivo e astuto, no qual podemos sorrir e deixar as coisas acontecerem, isso não nos deixa mal.

Aqui está o ponto. Às vezes somos mais espertos e outras vezes somos menos. Não há como fugir. Não estamos querendo dizer que a resposta para todos os problemas é apenas sermos mais espertos e atentos com mais frequência. Contudo, quando você é capaz de observar esse processo em ação, quando consegue se afastar e ficar ciente de seus pensamentos, de seus sentimentos, de suas sensações corporais e de seus impulsos apenas pelo que são – pensamentos, sentimentos, sensações corporais e impulsos, e não como "eu" ou a "realidade" – então você é capaz de escolher.

Isso é o que chamamos de um estado de "desprendimento íntimo". Não é o tipo de distanciamento que deixa você separado, frio, cínico e distanciado do que está acontecendo. Em vez disso, você está perto da experiência, intimamente envolvido com o que está acontecendo e, ainda assim e ao mesmo tempo, é capaz de se afastar apenas um pouquinho, o bastante para ver o que está acontecendo.

O diagrama abaixo descreve esse processo.

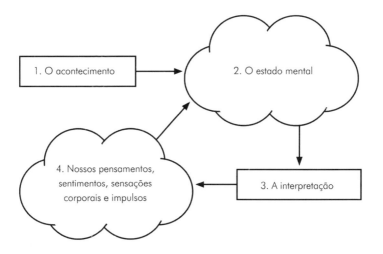

1. O acontecimento – os filhos saem do carro em frente à escola sem dizer uma única palavra.
2. Estado mental – estamos sempre em algum tipo de estado de espírito quando alguma coisa acontece conosco. No exemplo acima, se não dormimos muito bem estamos em um determinado estado; se tivéssemos dormido bem, estaríamos em outro.

3. A interpretação – dependendo do nosso estado de espírito, formamos imediatamente uma interpretação a respeito do que acabou de acontecer. Quando estamos com sono e lutando para atravessar o dia, podemos interpretar aquele comportamento como egoísta, mas quando nos sentimos bem, descansados e mais capazes, podemos interpretá-lo apenas como coisas que os adolescentes fazem sem se darem conta.

4. Nossos pensamentos, sentimentos, sensações corporais e impulsos – a experiência que fica em nós após um determinado acontecimento depende da interpretação que damos aos fatos que vivenciamos. Uma série de pensamentos, sentimentos, sensações corporais e impulsos serão produzidos a partir dessa interpretação. No Cenário 1, podemos pensar: "Eu sou apenas um taxista para eles!". Isso gera em nós um sentimento de tristeza, uma sensação de vazio na barriga e mandíbula travada. Podemos querer chorar ou comer chocolate. No Cenário 2, poderíamos pensar: "Ah, isso é a adolescência". Um sentimento acolhedor pode surgir em relação aos filhos que estão passando pela puberdade; uma sensação de calor e abertura surge na região do peito e tomamos a decisão de lhes ensinar sobre a importância da consideração para com as pessoas em um outro momento.

Pensamentos, sentimentos, sensações corporais e impulsos. Essa é uma maneira de explorar os múltiplos componentes de cada experiência momentânea. Metaconsciência é a habilidade de observá-los no momento em que estão acontecendo e perceber que não são fixos. Não precisamos sucumbir e sermos conduzidos cegamente por eles.

# PRINCIPAIS PONTOS DO CAPÍTULO 1

- Passamos a maior parte de nossas vidas no piloto automático, sendo levados pelo fluxo de experiências, geralmente decidindo nosso curso de ação de acordo com reações programadas.
- Se, no entanto, formos capazes de desenvolver nosso PIM — Permitir, Investigar e Metaconsciência — teremos mais escolhas disponíveis nas ações que realizarmos.
- Permitir é lidar com a experiência com uma atitude de cuidado e aceitação, em vez de desejar que as coisas fossem diferentes. Investigar consiste em estar interessado na nossa experiência. Metaconsciência é ser capaz de estar ao mesmo tempo na experiência e um pouco afastado dela, permitindo que possamos observar e descrever o que está acontecendo.
- Nossa pesquisa nos mostra que é possível aprimorar essas capacidades de forma concentrada com as práticas do Mind Time.
- As práticas do Mind Time que ensinamos neste livro permitem que você escolha como quer agir na maior parte do tempo em vez de simplesmente reagir de forma automática.
- Ao lhe dar mais opções de escolha para suas ações, você se torna mais apto para tomar decisões conscientes e cuidadosas. Isso pode melhorar sua vida, a vida das pessoas ao seu redor, o lugar onde você vive e, em potencial, toda a sociedade.

No próximo capítulo apresentaremos as práticas para que você possa aprender a usar o PIM.

Capítulo 2

# Aprendendo o PIM

## MOLDANDO A MENTE

Vimos que interpretamos os acontecimentos de maneiras diferentes dependendo do nosso estado de espírito. O que determina como vivenciamos todos os acontecimentos é a forma como nossa mente está moldada no momento presente.[1] As práticas do Mind Time ensinadas neste livro vão ajudá-lo a perceber como sua mente está moldada, e com paciência, como um artesão moldando a argila, você vai descobrir como remodelá-la. E isso vai mudar você e o mundo ao seu redor.

Assim como a arte de moldar a argila requer habilidade e um manuseio delicado, a arte de modelar a mente com o Mind Time é um processo que não deve ser forçado, mas que pode ser aprendido e praticado de maneira suave e simples.

## MUDE SUA MENTE, MUDE SEU CÉREBRO

Recentemente, o avanço das tecnologias de escaneamento do cérebro permitiu aos neurocientistas compreender melhor o quanto o cérebro é adaptável. A maneira como em geral usamos nossa mente acaba – literalmente – moldando e remodelando nosso cérebro. Essa adaptabilidade é conhecida como neuroplasticidade. Quando alguém está aprendendo a tocar violino, partes do cérebro ligadas ao manuseio do instrumento podem apresentar níveis elevados de atividade, mesmo que essa pessoa não esteja tocando o violino. Em alguns casos, as partes ligadas ao aprendizado da música aumentam em volume e densidade.[2]

Todas as práticas do Mind Time são formas de meditação Mindfulness. Sabemos que quando alguém se dedica à meditação Mindfulness com o tempo apresenta também alterações em seus padrões de atividades cerebral – bem como no volume e na densidade do cérebro.

Seguem alguns exemplos para elucidar esse ponto:

- Cientistas de Harvard[3] descobriram que pessoas que praticam a meditação Mindfulness de forma regular apresentam com o passar dos anos um aumento significativo no volume do cérebro nas regiões relacionadas à maneira como percebem a si mesmas e o mundo ao seu redor – o que veem, sentem, provam e tocam, por exemplo.
- Outro estudo de Harvard[4] mostrou que pessoas que praticaram a meditação Mindfulness por apenas oito semanas apresentaram alterações na concentração de massa cinzenta do cérebro na região responsável pelo aprendizado e pela memória. Elas também demonstraram maior capacidade para regular as emoções, a autopercepção

e a aptidão para compreender que a perspectiva delas é apenas mais uma entre muitas outras possíveis.

Existem vários outros estudos como esses, alguns deles citados no decorrer deste livro. A cada dia pesquisadores descobrem mais informações sobre a maleabilidade do cérebro e sobre como podemos nos beneficiar disso utilizando nossa mente de maneiras diversas.

As mudanças detectadas nos estudos citados acima foram resultado de pouco mais do que os 10 minutos por dia que estamos sugerindo como o tempo mínimo para a prática. Nossas pesquisas apontam que quando alguém medita por pelo menos 10 minutos por dia, suas percepções mudam. Acreditamos que com o tempo essa alteração na percepção resultará em mudanças na estrutura do cérebro. Se você continuar a usar seguidamente sua mente de novas maneiras, seu cérebro mudará.

Ao longo dos séculos, inúmeras práticas de meditação surgiram em diferentes tradições. Existem meditações desenvolvidas especificamente para aumentar o foco e a atenção, e outras para o aumento das atitudes positivas – como a bondade e a compaixão. Existem meditações que objetivam aprimorar a devoção a deuses e santos, outras desenvolvidas para a contemplação da natureza da realidade e há também as que focam em sons como mantras ou em padrões visuais ou em imagens.

As práticas do Mind Time que oferecemos são diferentes das mencionadas. Elas foram especificamente elaboradas para ajudar a desenvolver a atenção plena. Práticas deste tipo estão sendo cada vez mais usadas em ambientes clínicos, profissionais e em outros contextos do cotidiano.

Antes de começar com as práticas do Mind Time, faça um exercício simples que vai ajudá-lo a experimentar um elemento primordial que será trabalhado posteriormente.

*Tire um momento, agora mesmo, para olhar ao seu redor. Observe as variedades dos tons de branco no ambiente em que está.*

*Alguns talvez estejam com nuances de amarelo, azul ou acinzentados.*

*Perceba como as tonalidades de branco mudam conforme você as observa. Perceba todas as sutis mudanças.*

*Agora escolha outra cor e faça o mesmo.*

*Saindo um pouco da parte visual, volte sua atenção para o som do ambiente em que está agora.*

*Preste atenção na variação dos sons.*

*No ritmo desses sons e em seus padrões.*

*Permaneça assim por alguns instantes.*

*Focalize em você, traga sua atenção para seu corpo e para suas sensações corporais.*

*Sinta seu corpo em contato com a superfície em que está sentado ou deitado – sinta o padrão das sensações presentes.*

*Explore tudo isso por alguns instantes.*

*Como se sente agora?*

Quando ensinamos este exercício, as pessoas geralmente nos dizem que logo após a prática sentem-se mais calmas e tranquilas, ou mais atentas.

O que ocorreu foi a mudança no foco da sua atenção. Em vez de ficar envolvido em uma atividade mental – como ler, compreender, pensar, se preocupar – você se envolveu em uma atividade muito mais imediata, baseada no foco dos sentidos. Existe uma intrigante neurociência relacionada a essas duas formas de percepção, mas, por enquanto, basta notarmos essa diferença.[5]

Nossa mente tem a tendência de operar no padrão "pensar, planejar, se preocupar, analisar, divagar", sem foco na maior parte do tempo. Especialistas chamam essa configuração cerebral de "o modo padrão de rede". É o modo padrão de operação do nosso cérebro quando não estamos fazendo nenhuma atividade objetiva. Por exemplo, sentado no carro, preso em um engarrafamento sem mais nada para fazer, sua mente divaga – se preocupa com o trabalho, pensa no seu relacionamento, tenta lembrar se fez a reserva para as férias com a família e depois fica sonhando acordado –, tudo isso em um curto espaço de tempo.

Durante o Mind Time, começamos a trabalhar essa tendência. Aprendemos a reconhecer o modo padrão assim que ele começa e aprendemos a sair dele, pelo menos por algum tempo. Você vai perceber que entramos no modo padrão constantemente.

As práticas do Mind Time que vamos ensinar são a chave para mudar sua mente. Mas para perceber os benefícios prometidos você deve praticar desde o início deste livro. A boa notícia é que leva apenas 10 minutos por dia. Apenas 10 minutos para mudar sua mente!

A cada capítulo, traremos explicações, apontamentos e exercícios para ajudar você a refletir sobre como essas práticas de 10 minutos podem ajudá-lo a mudar sua mente e influenciar positivamente várias áreas da sua vida.

Nossa experiência e nossa pesquisa mostram que realizar essas práticas por 10 minutos ou mais todos os dias (e quanto mais tempo você dedicar à prática melhor), fará que você desenvolva a capacidade de Permitir, Investigar e de Metaconsciência.

De maneira geral, funciona assim: em cada uma das práticas do Mind Time, convidaremos você a escolher um foco diferente – algum lugar para fixar sua atenção. Nas práticas respiratórias, por exemplo, você vai se concentrar na respiração e nas sensações que ela traz; na prática corporal, vai focar nas sensações corporais em diferentes partes do seu corpo e fixar sua atenção nelas.

Você vai notar que sua atenção permanece no foco escolhido por algum tempo e depois se esvai. Talvez comece a pensar nas coisas que precisa fazer. Então, ao perceber que sua atenção se desviou, descubra para onde ela foi e traga-a de volta ao foco escolhido.

E, por mais estranho possa lhe parecer, esse processo simples desenvolverá seu PIM.

### Desenvolvendo a capacidade de permitir.

Você quer manter sua atenção na respiração, mas sua mente divaga e isso o deixa irritado. "Por que não consigo fazer algo tão simples? Minha mente está sempre tão atarefada e barulhenta. Sossega! Fique quieta! Vamos lá, isso não é engenharia aeroespacial! É fácil, por que eu não consigo?"

Você pode se flagrar tendo uma discussão interna como essa. Ou talvez esteja praticando em uma cidade muito barulhenta. "Não é possível, não consigo ter alguns minutos de paz para praticar o Mind Time! De novo, outro alarme tocando! Ainda tem aquela britadeira – esta cidade vive em obras."

Talvez sejam seus filhos fazendo barulho. "Crianças! Por favor... Preciso de silêncio por alguns minutos. Onde é que está o pai delas que não pode ajudar – nem por um instante?"

Sempre, nas orientações do Mind Time, vamos lembrá-lo de manter uma atitude gentil e amorosa para aceitar qualquer situação com que venha a se deparar enquanto estiver meditando.

Você está sereno, permanece nesse estado por alguns instantes, então sua serenidade se esvai e você se irrita. Você percebe o que aconteceu e volta a *permitir.* Recupera sua serenidade, e a deixa escapar novamente. Depois de um tempo você percebe o que aconteceu e começa a *permitir*. Faça isso quantas vezes forem necessárias.

Aos poucos, você vai desenvolver a capacidade de perceber a qualidade do seu estado de espírito e passar a aceitar tudo melhor: autocrítica, irritabilidade, rigidez, raiva... todos estamos sujeitos a isso. Ao se familiarizar com os processos do Mind Time você vai aprender a identificar esses estados com mais facilidade – vai aprender a se afastar deles com maior rapidez e a aceitar tudo o que vier a cruzar o seu caminho com uma atitude acolhedora.

Às vezes pode ser bem fácil adotar uma atitude acolhedora em relação a pensamentos inúteis ou indesejados, sentimentos, sensações corporais e impulsos. Em outras ocasiões pode ser muito mais difícil. Sentimentos como o luto, a perda ou a vergonha, por exemplo, podem ser sufocantes e muito difíceis de serem aceitos. Nessas circunstâncias, até mesmo a mais sutil atitude de aceitação pode ajudar a diminuir a dor. Caso sua experiência esteja sufocante, é preciso abordá-la com cautela, como se estivesse entrando em um lago muito frio. Você coloca o pé e depois tira. Se aproxima novamente e se afasta, passo a passo, começa a entrar com cuidado. Não tenha pressa. Com o tempo, talvez perceba que consegue até nadar.

## Desenvolvendo a capacidade de investigar

Podemos pensar no Mind Time como uma técnica para criar as condições ideais para *investigar* os complexos processos que fundamentam nossa experiência de vida. Para criar essas condições, procure algum lugar silencioso onde não será perturbado, o que reduzirá um pouco os estímulos. Então, quando estiver confortável, feche os olhos – isso reduzirá ainda mais os estímulos. Sente-se com uma postura ereta e permaneça atento – isso lhe permite prestar atenção a tudo ao seu redor. Então escolha um foco (sua respiração, por exemplo) e observe o que acontece.

Perceba que os processos internos começam a se revelar. A concentração na respiração funciona como uma âncora para você retomar o foco sempre que for preciso, o que traz estabilidade e direção à prática. Todos os processos inconscientes ainda estão em execução; eles não vão embora só porque você se sentou e fechou os olhos; mas agora será possível enxergá-los.

Vamos lembrá-lo muitas vezes de sempre abordar tudo o que venha a surgir no fluxo da sua prática com curiosidade e bondade. Manter essa relação vai ajudar no desenvolvimento da sua capacidade de *investigar*.

Ao *investigar*, você passa a enxergar para onde sua atenção vai. Talvez para seus compromissos daquele dia, ou talvez você comece a se preocupar com seu relacionamento. É nesse ponto que você deve ficar curioso e começar a *investigar* o que está acontecendo. Observe para onde sua atenção foi. O que está deixando você preocupado? Além disso, comece a ver e a *investigar* o que a preocupação faz com você. Ao se preocupar com seu relacionamento, o que está acontecendo com seus ombros, em seu estômago e no seu maxilar? Observe qualquer aperto ou tensão, sinta e explore por alguns instantes. Veja como é se afastar dessas sensações, relaxar os ombros e afrouxar o maxilar. E agora, quais são seus pensamentos?

Dedicando-se às práticas você vai construir, passo a passo, a capacidade de perceber e *investigar* os diferentes elementos inter-relacionados dentro das práticas do Mind Time.

Ao melhorar sua capacidade de *investigar*, você vai poder gerenciar e regular as mudanças no fluxo das suas emoções. Vai também se tornar mais vivo e curioso sobre outras pessoas e sobre o que está acontecendo com elas. Você desperta para o mundo ao seu redor e para todos os sistemas infinitamente complexos que a vida revela – para sua família, para os meios sociais e para os sistemas naturais. Conforme for desenvolvendo a capacidade de *investigar*, tudo se torna ainda mais maravilhoso, toda exuberância das coisas se revela e pode ser apreciada em qualquer lugar onde você focar sua atenção.

## Desenvolvendo a metaconsciência

Você se senta e seleciona um foco; pode ser a respiração. Rapidamente sua atenção se esvai e começa a pensar. Pensa, pensa e pensa – então percebe o que está acontecendo, que está pensando. Essa percepção é o momento crucial da *metaconsciência*. Você não está apenas pensando, está pensando e consciente de que está pensando, e isso é a *metaconsciência*. Quando temos *metaconsciência*, podemos escolher o que fazer em seguida. Você deixa o pensamento ir embora e concentra sua atenção na respiração. Não é difícil fazer essa troca, do pensamento para a atenção na respiração, mas ela só é possível quando há este momento crucial da *metaconsciência*. A *metaconsciência* representa o início da escolha.

Claro que essa é uma escolha que precisa fazer diversas vezes. Você ficou durante muitos anos – 15, 20, 30, 40, 50, 60 – sem o hábito de ajustar o foco da sua atenção. Então é evidente que ela vai se desviar e voltar ao velho hábito. Mas você vai gradualmente construindo o novo hábito, que permite que escolha com mais frequência onde quer focar sua atenção.

Até aqui abordamos a *metaconsciência* do pensamento, mas ela é bem mais ampla do que isso. Por meio da *metaconsciência* também podemos nos conscientizar dos nossos sentimentos.

No exemplo acima, se um barulho atrapalhar sua prática e o deixar irritado, perceba isso. Agora você tem *metaconsciência* e pode escolher lidar com sua irritação com aceitação e bondade – "Ah sim, de novo aqueles pensamentos irritantes..." –, e você escolhe se desprender desses pensamentos. Você não briga mais, não tenta afastá-los ou reprimi-los. Você os aceita, talvez queira explorá-los por alguns instantes, ver como eles são e perceber como está reagindo (talvez eles lhe tragam alguma sensação desconfortável e você trave o maxilar). Trate tudo isso com bondade e gentileza, e assim a qualidade dessa experiência será melhor e mais agradável.

Os alquimistas eram "cientistas" medievais que ficaram famosos pelas tentativas de transformar chumbo e outros metais básicos em ouro (na realidade eles também buscavam estados mais elevados de espiritualidade e de consciência). O que você fez no processo acima é um tipo de alquimia. Em vez de lutar com sua irritação você a transformou em outra coisa.

Você também pode usar a *metaconsciência* com as sensações corporais. Talvez perceba alguma tensão em seus ombros. Você direciona sua atenção para lá e explora as sensações. Mais uma vez, não luta, não força nada, mas se interessa e explora – com gentileza. Foque nessa tensão: o que percebe ali? Alguma imagem vem à sua mente? Alguma ideia? Isso pode ser uma pista, e não há problema se nada vier à sua mente. Simplesmente traga um pouco de calor e de bondade para a tensão. Talvez isso ajude e alivie. Mas se não conseguir, o melhor aqui é simplesmente *permitir* que tudo isso seja como é.

E há também todas as abundantes sensações que acompanham a respiração. Você fica consciente dessas sensações durante o Mind Time e tem consciência de que está consciente delas. Essa percepção pode vir acompanhada de uma sensação profunda e bem estabelecida da própria *metaconsciência*.

Por fim, há a possibilidade de desenvolver a *metaconsciência* dos impulsos. Por exemplo, você decidiu que vai praticar hoje o Mind Time, mas seus compromissos do dia ficam invadindo sua mente. Você faz seu trabalho de *investigar*, *permitir* e deixar ir embora – quantas vezes for preciso –, mas perde a concentração depois de 7 minutos, seus compromissos prendem sua atenção e, antes que perceba, já se levantou e ligou o *notebook*.

À medida que sua *metaconsciência* se desenvolve, essa história pode ser diferente. Os compromissos continuam invadindo sua prática. Você continua a lidar com elas de maneira gentil e, com cuidado, leva sua atenção para a respiração e, no sétimo minuto, sente o impulso de se levantar e continuar com seu trabalho. Mas agora você apenas observa, sente o impulso e constata que é apenas isso. Um impulso, apenas um impulso. Você sente, permite e o deixa passar. Assim, permanece na prática por mais 3 minutos.

Dessa forma, você está desenvolvendo a habilidade incomum de ver seus impulsos pelo que realmente são – apenas impulsos. Na maioria das vezes não encaramos nossos impulsos dessa maneira. Apesar de serem a base de todas as nossas atitudes, os impulsos são invisíveis. Surge um impulso – e nós agimos. Vemos os biscoitos no balcão da cozinha e, sem perceber nosso impulso, pegamos um e o comemos.

Quando há *metaconsciência*, você é capaz de perceber melhor os impulsos – pode vê-los apenas como impulsos e passa a ter escolha. Você vê os biscoitos, percebe o impulso e decide se quer ou não comer um. Você pode escolher.

Isso é ótimo para quem está querendo emagrecer, mas se aplica a muitas outras partes da vida. Alguém esbarra em você na rua; você sente o impulso de dizer algo ríspido, mas, em vez disso, percebe o impulso, fala de maneira educada e contorna a situação – e age dessa maneira em muitos outros contextos.

Permitir, Investigar e Metaconsciência – com algum tempo, se você estabelecer o hábito de praticar o Mind Time, sua capacidade e desempenho do PIM vão progredir. Então tudo fica melhor, não apenas para você, mas para todos ao seu redor. Como sabemos que nunca é fácil estabelecer um hábito regular para praticar o Mind Time, recomendamos que antes de começar reflita um pouco sobre algumas questões.

## Encontre um momento para o Mind Time

A que hora do dia você está mais disposto a se comprometer com os 10 minutos do Mind Time? Procure escolher um horário em que tenha menor chance de se esquecer de praticar, de ser perturbado, de se distrair ou de adormecer.

Fica mais fácil criar um hábito se ele for ajustado a uma rotina. Seria melhor praticar logo pela manhã, antes que os outros acordem? Ou, talvez, se você vai para o trabalho de ônibus ou de trem, poderia usar fones de ouvido para ouvir as instruções de áudio e praticar por 10 minutos? Talvez seja melhor assim que chegar ao trabalho ou durante uma pausa na hora do almoço? Ou quando sua casa estiver em silêncio e houver algum tempo à noite, antes de dormir?

## Encontre um lugar para praticar o Mind Time

Escolha um lugar onde você não será perturbado ou distraído pelas coisas que podem estar acontecendo ao seu redor enquanto medita. Então, se sua prática do Mind Time for em casa ou no trabalho, qual sala seria o lugar mais apropriado? Há alguma sala de reunião silenciosa disponível no trabalho (que não seja no estilo aquário, onde todos podem vê-lo)? Busque um lugar na sua casa onde você não seja incomodado, se possível um local que possa ser usado especificamente para a prática do Mind Time – mas, caso não seja possível, não se preocupe, pois o que realmente importa é praticar.

Se decidir praticar quando estiver indo para algum lugar, nunca, em nenhuma circunstância, tente fazer esses exercícios enquanto estiver dirigindo. Mas talvez seja um bom momento quando estiver em um ônibus, trem ou avião. Fones de ouvido podem ajudar a reduzir o barulho, mas não são essenciais.

## Buscando o apoio de outras pessoas

Pode ser útil contar com o apoio da sua família, dos amigos e dos colegas de trabalho quando começar a praticar o Mind Time. É claro que não podemos esperar que eles nos apoiem sempre. Algumas pessoas nos disseram que os mais próximos foram muitas vezes os que menos apoiaram e até tentavam atrapalhar. Procure pessoas que possam ajudá-lo, convém dizer a elas o que você está tentando aprender e por que está fazendo isso. Peça que o incentivem, encorajem e que lhe deem espaço.

Criar o hábito de praticar o Mind Time com outra pessoa pode ajudar. Procure um amigo ou colega que também esteja interessado para que se ajudem e para que incentivem um ao outro a manter as práticas: discutam dúvidas e troquem ideias sobre como o Mind Time tem ajudado vocês. Durante nossa pesquisa, algumas pessoas que trabalhavam juntas e se encontravam na hora do almoço para as sessões do Mind Time afirmaram que essa foi a principal razão que as fez continuar a praticar e perceber os benefícios.

## Saber que não há maneira "certa" de meditar

Ouvimos com muita frequência a seguinte pergunta: "Estou fazendo da maneira correta?". Isso ocorre porque as pessoas que nos fazem essa pergunta ainda não compreenderam o objetivo do Mind Time. Existe uma crença incorreta, muito difundida na nossa cultura, de que ao meditar você deve ser capaz de se livrar dos pensamentos ou impedir sua mente de divagar. É fácil ficar irritado quando, como acontece com quase todo mundo, você se torna consciente de que sua mente não para, que fica divagando, indo para diferentes lugares.

Nossa mente divaga – é exatamente isso que ela faz. E toda vez que percebemos esse fato temos uma nova oportunidade para estabelecer o foco novamente. Restabelecer o foco várias vezes vai desenvolver as vias neurais do cérebro e nos deixar conscientes e focados mesmo quando não estivermos meditando. Mind Time não tem a ver com cessar nossos pensamentos ou sentimentos: é perceber quando não estamos conscientes e nos trazer de volta à consciência. Às vezes você fará isso centenas de vezes em apenas uma sessão, e isso não é ruim – são boas oportunidades para praticar.

É preciso muita paciência para desenvolver uma nova habilidade. É pouco provável que você tenha saído pedalando por aí no primeiro dia em que tentou andar de bicicleta. Você provavelmente caiu algumas vezes antes de conseguir se equilibrar. É assim que aprendemos.

Observe suas expectativas em relação ao Mind Time. Geralmente esperamos resultados rápidos e progresso contínuo, o que nem sempre é realista. Haverá altos e baixos, e mudar leva tempo.

## Quando poderei perceber alguma mudança?

Como já dissemos, mudar leva tempo. Não podemos prever exatamente quando e de que maneira vai acontecer. Milhares de pessoas que fizeram nosso curso perceberam alguma melhora imediata. O Mind Time as ajudou a acalmar a mente – ao menos um pouco – logo que começaram a praticar. Mas o PIM é muito mais do que se acalmar. Permitir, Investigar e Metaconsciência vai além disso – trata-se de um conjunto de capacidades que vão emergir com o treinamento.

Eu (Michael) fui procurado por um cliente que me pediu para ensinar o Mind Time para seus funcionários. Ele queria que esses funcionários também tivessem uma aventura ao ar livre.

"Seria possível combinar o treinamento do Mind Time com uma escalada nas montanhas da Escócia?" Não queria dizer não, achei que poderia ser interessante, então concordei. Eu não estava no melhor de minha forma física naquela época, então decidi contratar um *personal trainer* e lhe disse que sua missão era garantir que eu subisse aquela montanha sem passar vergonha. Minha tarefa, ele me disse, era ir à academia três vezes por semana durante três meses e fazer os exercícios.

No final, por razões internas, o cliente mudou de ideia e acabamos fazendo o treinamento em outro lugar. Contudo, resolvi escalar a montanha com um amigo. Foi incrível perceber a evolução do meu condicionamento físico, o quanto mudei em apenas três meses. Apenas um pouco de exercício, três vezes por semana, mudou consideravelmente meu corpo.

O mesmo acontece com o PIM. Nós o desenvolvemos do mesmo modo que qualquer outro tipo de aptidão. Assim como eu não era capaz de escalar aquela montanha nas primeiras semanas depois de iniciar meu treinamento físico, você não deve esperar que as habilidades que estamos ensinando apareçam de uma hora para outra. Nos cursos que ministramos percebemos que é só a partir da quinta ou sexta semana que as pessoas começam a vivenciar o PIM de maneira mais intensa, mas cada um funciona de um jeito diferente. Aconselhamos você a começar agora, praticar por algumas semanas e esperar alguns meses para perceber as mudanças.

Eis algumas opiniões sobre o Mind Time de pessoas que participaram do nosso curso, a respeito de suas jornadas no aprendizado:

"É um pouco como com aprender a dirigir – você sabe que ainda não entendeu tudo, mas é preciso confiar, seguir em frente para chegar no ponto onde conta com as ferramentas necessárias e algumas convicções sobre o desenvolvimento das práticas."

"Sinto que às vezes não tenho tempo suficiente. E toda vez que isso acontece, percebo que foi por essa razão que resolvi fazer este curso!"

"Com toda a dificuldade inicial, foi incrível quando consegui chegar ao fim."

Quando perguntamos a Sally, uma divertida professora do ensino fundamental, que tipo de conselho daria aos que estavam iniciando a prática do Mind Time, ela disse:

"Vai chegar um momento em que você vai odiar, mas se continuar tentando de várias maneiras diferentes vai acabar achando uma que seja boa para você. Como o Michael e a Megan tinham comentado comigo no início do curso que em algum momento eu poderia me sentir irritada, eu me senti bem quando isso de fato aconteceu [risos]. Eu acho que teria desistido se não soubesse disso. Na verdade, praticamente todos no meu grupo passaram pelas mesmas dificuldades."

É natural alternar bons e maus momentos. Dê a si mesmo algum tempo até perceber os benefícios das práticas. Vai demorar, mas se você se dedicar e não desistir, as coisas vão melhorar. É isso que apontam nossa pesquisa e nosso trabalho com milhares de pessoas.

Antes de passarmos para as práticas, vamos observar alguns pontos essenciais.

## 1. Postura e posição

Você não precisa se sentar no chão de pernas cruzadas, mas tudo bem se quiser. Encontre uma posição confortável – mas não muito, para que não adormeça. Uma boa escolha é se sentar com a coluna ereta em uma cadeira com encosto – a maioria das pessoas em nosso curso se senta dessa maneira. Deixe os joelhos um pouco abaixo da linha do quadril, o que ajuda a alongar as costas. Mantenha os pés abertos na mesma largura do quadril, aponte-os para a frente e observe se você fica confortável nessa posição. Sinta os pés em contato com o chão e dobre um pouco o queixo para baixo; a parte de trás do pescoço deverá esticar.

Você pode optar por deitar-se em um tapete no chão, mas para isso é preciso ficar acordado. Você pode até ficar em pé – há duas práticas de Mind Time em que será preciso se mover e andar. O mais importante é que você se concentre na prática sem ficar distraído pelo desconforto ou pela sonolência.

## 2. Fecho meus os olhos?

Não há necessidade de fechar os olhos durante a prática do Mind Time, embora isso possa ajudar na concentração. Se fechar os olhos deixa você desconfortável ou sonolento, basta deixá-los abertos. Baixe seu olhar em direção ao chão e deixe sua vista relaxada.

## 3. Onde se deve focar?

Em cada prática vamos sugerir um foco diferente, e vamos lembrá-lo de restabelecer o foco sempre que sua mente divagar.

Em algumas práticas vamos pedir para que mantenha a atenção na respiração ou em alguma parte do corpo e para que permaneça atento às suas sensações. Ao pedirmos isso, não queremos que "pense" na respiração ou naquela parte do seu corpo; estamos convidando você a senti-las diretamente. Sentir as sensações a cada inspiração e as sensações que acompanham cada expiração. Não há nada específico que você deva sentir, há apenas o que está sentindo. Também não há nenhum modo especial de respirar, não existe certo ou errado. Tudo o que você deve fazer é *permitir* que sua atenção permaneça por algum tempo no que está sentindo, em sua respiração, ver como ela é a cada momento. O mesmo vale para quando lhe pedirmos para manter a atenção no pé. Não queremos que pense a respeito do seu pé; estamos convidando você a experimentar as sensações que está sentindo nos pés bem naquele momento. Mais uma vez, não há nada especial a ser sentido – não é errado não sentir nada, queremos apenas que esteja consciente disso.

## 4. Como permanecer focado?

É bem provável que sua mente divague durante o Mind Time. Não há como evitar isso, é isso que nossa mente faz, não se trata de um erro ou de uma falha. Sempre que perceber que perdeu o foco, veja para onde ele foi. Às vezes pode ajudar repetir em silêncio para si mesmo, "Ah, sim, eu estou pensando...", ou "Hum, isso é planejar...", ou, ainda, "Ah, esse sou eu me preocupando...", e depois, com carinho e com cuidado, retomar seu foco. É provável que você precise fazer isso diversas vezes, e essa é a prática.

## 5. Como permanecer acordado?

É bastante comum adormecer quando você começar a praticar o Mind Time. Nossa mente passou muitos anos associando o ato de fechar os olhos ao sono. Vai demorar um pouco até você se habituar novamente.

Além disso, muitas pessoas não dormem o suficiente – a American Academy of Sleep Science [Academia Americana de Ciências do Sono] afirma que um adulto saudável deve dormir no mínimo sete horas por noite, mas muitos de nós dormimos menos do que isso. A qualidade do nosso sono também é vital para nos mantermos acordados durante a prática do Mind Time.[6]

Caso venha a adormecer, não se preocupe, é provável que você só esteja precisando dormir mais. Se isso acontecer repetidamente, tente programar o Mind Time em outro horário, quando estiver mais alerta, ou pratique de olhos abertos, mantendo o olhar baixo e a vista relaxada.

O mais importante é não desistir!

## 6. Como finalizar a prática do Mind Time?

Quando chegar a hora de encerrar a sessão, aguarde alguns instantes para se reajustar. Pode levar alguns minutos até você se conectar novamente ao dia. Não se apresse nem saia correndo para resolver o próximo compromisso da sua agenda, pois isso poderá causar um choque no seu organismo. Não tenha pressa, aguarde alguns instantes.

## 7. Em que ordem devo fazer minhas práticas do Mind Time?

A prática mais simples e básica é denominada Respiração. Recomendamos que comece por ela, praticando todos os dias durante algumas semanas, antes de experimentar algumas das outras meditações que vamos ensinar.

Se quiser praticar por mais de 10 minutos por vez, é possível combinar as práticas. Por exemplo, algumas pessoas gostam de combinar as práticas da Respiração com a da Respiração e Corpo. Iniciam com a da Respiração e depois passam para a da Respiração e Corpo.

Combinar práticas é bom, mas recomendamos que só faça isso quando estiver pronto. Por enquanto, nossa sugestão é que você escolha uma das práticas e a mantenha por algum tempo, que a faça todos os dias por aproximadamente uma semana, ou que alterne entre duas práticas – uma opção é fazer a prática da Respiração em um dia e a do Corpo no outro. Ainda há muito a ser ensinado, mas por enquanto queremos deixar tudo o mais simples possível.

Recomendamos que vá com o tempo tentando fazer todas as práticas do Mind Time, e que mais tarde decida quais delas prefere. Assim você vai criar uma base sólida para trabalhar seu PIM de maneira eficaz.

*8. Posso fazer por mais de 10 minutos?*

Claro que sim! Isso pode ajudar muito.

## AS PRÁTICAS DO MIND TIME

Você pode acessar os arquivos de áudio para as práticas do Mind Time em: https://grupopensamento.com.br/praticasdomind.rar (Locução em português: Luciana Oddone Correa - Profª de Yoga e Meditação)

Veja abaixo a lista com todas as práticas:

1. Respiração
2. O Corpo
3. Respiração e Corpo
4. Sons e Pensamentos
5. O Momento Presente
6. Caminhada
7. Movimento
8. Gratidão
9. Bondade
10. S.O.S

 RESPIRAÇÃO

Esta é uma prática clássica, muito conhecida e bastante utilizada. Recomendamos que comece por ela. É a primeira faixa para *download*. Veja abaixo como ela é:

### Acomode-se

Dedique o tempo que for necessário para se acomodar na sua postura preferida. Não há pressa, e ficar confortável antes de iniciar a prática pode fazer uma grande diferença na qualidade da sua meditação.

Quando se sentir confortável, feche os olhos (ou deixe-os abertos, se preferir). Mantenha seu olhar para baixo, focalize o chão a cerca de um metro e meio à frente dos seus pés.

### Estabeleça sua intenção

Pare por alguns instantes e estabeleça sua intenção. Este é um momento só seu, e você vai usá-lo para o Mind Time — não é hora de pensar em problemas, fazer planos ou ficar sonhando acordado. Mas é claro que tudo isso poderá surgir na sua mente. Estabeleça a intenção de sempre trazer de volta sua atenção à respiração toda vez que perceber que sua mente divagou. Defina também a intenção de ser gentil e bondoso consigo mesmo, sempre que perder o foco.

## Traga o foco para o corpo

Traga o foco da sua consciência para as sensações físicas em seu corpo. Concentre-se nas sensações de toque, contato e pressão do corpo com o chão ou com a cadeira em que está sentado. Explore por alguns instantes essas sensações.

## Concentre-se nas sensações da respiração

Quando estiver pronto, leve o foco para sensações físicas causadas pela respiração, conforme o ar entra e sai do corpo.

Você pode focar a atenção na leve dilatação da sua barriga a cada inspiração e na sensação de alívio a cada expiração. Também pode achar que a respiração fica mais evidente no movimento das costelas, do peito, das alterações na garganta ou no nariz.

Onde quer que você sinta a respiração, observe como é manter sua atenção nessa região durante todo processo – na inspiração e na expiração, talvez notando uma pequena pausa entre elas.

Não há necessidade de tentar controlar a respiração – deixe-a fluir normalmente, como ela é, mesmo que isso lhe pareça um pouco estranho no início. Não há neste caso nenhuma maneira específica de respirar. Tente simplesmente manter a atenção na respiração.

Tente sempre que possível trazer essa mesma atitude de *permitir* ao resto de sua experiência – não há nenhum objetivo a ser atingido, nenhum estado a ser alcançado. Veja como se sente simplesmente deixando sua experiência ser como ela é – sem precisar que seja qualquer outra coisa além do que de fato é.

## E quando a mente divagar...

Cedo ou tarde (em geral mais cedo do que tarde), a mente divaga para longe da respiração e cai em pensamentos, planejamentos ou devaneios... Isso é perfeitamente normal. É apenas o que a mente faz: não é um erro ou uma falha.

Quando perceber que sua atenção não está mais na respiração, você estará, neste momento, consciente de novo. Você pode reconhecer por um breve instante para onde sua mente foi, tentando fazer uma pequena anotação mental: "Ah, sim, era nisso que eu estava pensando...". Depois, com gentileza, conduza o foco da sua consciência de volta às sensações da respiração.

Sempre que notar que sua mente divagou, e provavelmente isso vai acontecer muitas vezes, observe para onde ela foi e, em seguida, de maneira gentil, traga seu foco de volta à respiração.

Mesmo se você ficar irritado com a prática ou com a inconstância da sua mente, sempre traga sua atenção de volta ao foco com gentileza e bondade. Procure ver tudo isso como uma oportunidade para ser paciente e curioso com sua experiência.

## Faça isso por 10 minutos

Continue com a prática por 10 minutos ou mais, lembrando-se às vezes de que a intenção aqui é simplesmente estar consciente da sua experiência a cada momento. Lembre-se de que você está usando a respiração como uma âncora para se reconectar com o aqui e o agora, cada vez que percebe que sua atenção divagou.

# PRINCIPAIS PONTOS DO CAPÍTULO 2

- É possível mudar nossa mente com apenas 10 minutos de Mind Time por dia. Se forem mais de 10 minutos será ainda melhor, mas as mudanças começam a partir dos 10 minutos.
- Grande parte da prática consiste em aprender a mudar do sistema padrão da rede cerebral, que abrange todo o pensar, para a rede experiencial conectada com a vivência do momento presente.
- O Mind Time ajuda a desenvolver seu PIM. Talvez você queira recapitular o que discutimos sobre cada um dos elementos do PIM no Capítulo 1 quando já tiver alguma experiência com as práticas. Conforme for se aprofundando, o que estamos lhe apresentando agora vai fazer mais sentido e se relacionar diretamente com sua vivência da meditação.
- Reflita sobre onde executar sua prática, quando fazê-la e sobre quem poderá ajudá-lo.
- Antes de se sentar para a primeira sessão do Mind Time, reveja os pontos destacados acima (pontos 1-8). Talvez seja interessante voltar a eles de vez em quando.

Capítulo 3

# PIM para Melhorar os Relacionamentos

Vimos no último capítulo os exercícios que podem mudar sua mente se forem praticados com regularidade. Espero que tenha começado a praticar pelo menos um deles. É normal sentir-se desconfortável no início (ou até mesmo um pouco tolo), achar que você não é muito bom em fazer os exercícios ou se questionar se está fazendo do jeito certo. Tudo isso é perfeitamente normal e faz parte da jornada. Não há jeito certo de fazer, apenas seu jeito, que você vai descobrir com o tempo, praticando.

Talvez ajude pensar da seguinte maneira: aprender um instrumento musical pode parecer uma tarefa assustadora. Leva tempo para aprender a manusear o instrumento e dominar as técnicas básicas, como saber onde colocar os dedos ou como soprar para produzir os sons. Não esperamos que isso aconteça da noite para o dia. O mesmo acontece com o PIM: não espere dominá-lo da noite para o dia. A prática contínua é que fará diferença, e com apenas 10 minutos de Mind Time por dia você vai notar benefícios em poucas semanas.

Já começou a praticar o Mind Time? O que está impedindo você de começar agora?

Experimente – e continue praticando. Assim como acontece quando tentamos melhorar a forma física, pode levar algumas semanas até você notar alguma diferença significativa com o Mind Time.

Neste capítulo veremos como o PIM pode nos ajudar a melhorar nossos relacionamentos.

## OS RELACIONAMENTOS NOS DEFINEM

Desde criança, aprendemos com os outros como nos comportar e como dar sentido ao mundo. Nos definimos em relação aos outros. Nosso propósito e nossos esforços geralmente estão relacionados aos outros. Sentimentos e sensações são resultado do nosso relacionamento com os outros – sentimos amor, tristeza, alegria e preocupação devido à nossa interação com outras pessoas.

Estudos demonstram que privar alguém do contato humano pode causar problemas psicológicos e físicos, o que não surpreende dada a centralidade e importância das relações humanas. Em termos evolucionários, desenvolvemos redes sociais para assegurar proteção. Hoje não sofremos mais as mesmas ameaças, mas não podemos sobreviver sem relacionamentos. Pessoas com bons relacionamentos vivem mais, são mais saudáveis e sofrem menos de ansiedade e depressão quando têm pessoas ao seu lado que se importam com elas. Sentir-se solitário e não contar com relacionamentos íntimos pode ter um impacto na saúde equivalente a ser ou não fumante.[1]

Embora nossos relacionamentos continuem sendo tão importantes quanto sempre foram para nossa capacidade de sobreviver e prosperar, também é por causa deles que sofremos e temos emoções negativas.

Quando nos questionamos sobre as questões que nos preocupam ou nos aborrecem, a maioria de nós tem como resposta as relações com outras pessoas. Associamos a ansiedade no trabalho ao relacionamento com nosso chefe ou colegas de trabalho; na vida familiar, com a dificuldade para educar filhos adolescentes, com a obrigação de cuidar de pais idosos e com a insatisfação por não conseguir pagar pela viagem que seu melhor amigo fez com a família.

Vejamos agora alguns problemas comuns nos relacionamentos que o PIM pode ajudar a resolver. Utilizar o PIM não ajuda apenas a nós mesmos, mas também àqueles de quem gostamos.

## PROBLEMAS COMUNS NOS RELACIONAMENTOS

Veja a seguir uma lista de sentimentos negativos comuns na maioria dos relacionamentos – seja em casa, no trabalho ou na comunidade – que o PIM pode ajudar a transformar.

Quais destes sentimentos você reconhece em seus relacionamentos?

- **Solidão** – "Gostaria de ter relacionamentos mais próximos ou mais íntimos."
- **Ressentimento** – "Gostaria que eles agissem de um jeito diferente – a culpa é deles."

- **Superioridade ou inferioridade** – "Gostaria que eles fossem tão capazes quanto eu / Gostaria de ser tão capaz quanto eles."
- **Insatisfação** – "Gostaria que este relacionamento fosse melhor / mais divertido."
- **Impotência** – "Gostaria de ser capaz de melhorar meus relacionamentos."

Pare por um instante. Quando vivencia esses sentimentos, como é para você? Como você se comporta quando se sente assim?

Esses sentimentos podem estar presentes mesmo nos relacionamentos mais próximos e queridos, mas podemos utilizar o PIM para transformá-los. Primeiro, examinaremos cada um deles para compreender melhor o que representam para nós e para a sociedade como um todo.

## Solidão

Às vezes nos sentimos sozinhos, mas uma a cada 10 pessoas se sente sozinha o tempo todo.[2] A maneira como vivemos e trabalhamos pode potencializar esse sentimento. A carreira profissional ou um novo relacionamento pode nos afastar de onde crescemos. A cada dia cresce o número de pessoas que trabalham em casa, sem precisar ir ao escritório, e isso faz que não criem relacionamentos no ambiente de trabalho e se sintam isoladas.[3]

Embora as redes sociais sejam muitas vezes responsabilizadas por reduzir o contato humano e pelo aumento do sentimento de solidão, ainda é cedo para afirmarmos isso. Por um lado, as mídias sociais facilitam o contato, pois não importa a hora ou o lugar onde você esteja, sempre é possível encontrar seus amigos. Mas, por outro lado, elas tornam possível viver relacionamentos puramente virtuais.[4]

É claro que a coisa mais sensata a se fazer quando nos sentimos sozinhos é procurar outra pessoa. Há, porém, um estigma em torno da solidão que muitas vezes nos faz guardar esse sentimento para nós mesmos por medo de sermos vistos como pessoas chatas, esquisitas ou inferiores. Solidão não é fácil de ser identificada e não está necessariamente relacionada a quantos amigos temos – tem mais a ver com a maneira como nos sentimos e pensamos interiormente.

Isso significa que se quisermos perceber e transformar nossos sentimentos e nossos pensamentos, precisamos nos relacionar melhor com eles. Começando por abordar diretamente nossa solidão.

## Ressentimento

Somos muito bons em criar expectativas sobre o comportamento dos outros. Às vezes isso pode ser correto: se um cliente agendar um trabalho com você, ele deve sim esperar que você apareça para a reunião e que depois faça um bom trabalho. Se pedirmos aos nossos familiares para que fiquem em silêncio porque estamos com enxaqueca, podemos com razão esperar que falem mais baixo. As crianças, por sua vez, podem esperar que seus pais cuidem delas.

Mas a vida nem sempre é assim.

De uma forma ou de outra é inevitável que os outros não atinjam nossas expectativas – ou mesmo que considerem que elas sejam minimamente razoáveis (mesmo que essas expectativas nos pareçam indiscutivelmente "corretas").

Enquanto insistirmos em achar que a solução *está na outra pessoa* e que cabe a ela mudar ou se desculpar, nosso bem-estar vai depender do outro. Quando isso acontece, nossa capacidade de escolha se reduz e ficamos presos em ressentimentos.

Alguns ficam assim por toda a vida, incapazes de escapar dessa situação.

O PIM nos abre um leque de possibilidades para situações como esta. Com ele aprendemos a desenvolver compaixão por nós mesmos e pelos outros e nos lembramos de *investigar* em vez de ficarmos presos em suposições infundadas. Começamos a notar os efeitos do nosso pensamento, dos sentimentos, das sensações e dos impulsos no momento e, portanto, temos mais opções para escolher e agir bem, em vez de reagir de modo automático. Aprendemos a apreciar pessoas à nossa volta e sentir gratidão por elas.

## Sentir-se superior ou inferior

Em um mundo ideal, todos teríamos uma infância perfeita e acharíamos que cada um de nós tem tanto valor e é tão merecedor como qualquer outro. Mas isso raramente acontece. Todos, de maneira inconsciente, aprendemos outros padrões de pensar e sentir e, a menos que nos tornemos conscientes disso, esses padrões vão continuar a moldar a maneira como conduzimos nossos relacionamentos, nos deixando presos em padrões desagradáveis, sem possibilidade de escapar.

Alison, uma senhora tímida e gentil que foi atendida por nós, disse que ficava sempre na defensiva durante a adolescência. Seus pais tentavam ser agradáveis um com o outro, mas sempre acabavam brigando e às vezes essa raiva era canalizada nela. Alison aprendeu que estava sempre errada e se culpava pelas brigas dos pais. Ela aprendeu que não era uma boa pessoa.[5]

Avance trinta anos no tempo e percebemos que esse mesmo padrão de se culpar ainda a assombra. A qualquer indício de conflito no trabalho, Alison assume a culpa e começa a andar com cuidado e de cabeça baixa pelo escritório. Alguns colegas de trabalho lhe disseram que ela deveria ser mais confiante se quisesse progredir na carreira. Ela adoraria conseguir fazer isso, mas não é assim tão fácil. Esse padrão de comportamento está arraigado nela há quase quarenta anos.

Tal padrão não vai desaparecer com um simples toque no interruptor, mas agora ela vê evolução e tem esperança. Alison está usando o Mind Time já por algum tempo e está desenvolvendo sua consciência, especialmente em relação a esse padrão.

## Sentir-se insatisfeito

Para muitos, Graham e Grace formam um típico casal perfeito. Eles se complementam, Grace é tagarela e Graham é mais calmo. Se conheceram na escola e começaram um relacionamento, continuaram juntos durante a faculdade e estão casados há dezoito anos. Eles têm dois adoráveis filhos adolescentes que estão a cada dia mais independentes, o que dá mais tempo para Graham e Grace ficarem juntos.

Eles estavam ansiosos para fazer coisas novas juntos assim que seus filhos estivessem crescidos, mas estão achando isso muito mais complicado do que haviam imaginado. Eles nos disseram que, com o passar dos anos, se tornaram "gerentes de projetos" dos filhos. Tudo girava em torno de "resolver as coisas", e eles foram muito eficientes em cumprir essa missão. Mas não se dedicaram ao próprio relacionamento e acabaram insatisfeitos e distantes um do outro.

Felizmente eles não se culpam por isso nem tentam esconder seus sentimentos e preocupações. Estão certos de que a relação deles pode voltar a ser divertida e alegre, querem se dedicar a isso. Desde que iniciaram no Mind Time e aprenderam a usar o PIM, perceberam que param com mais frequência para apreciar um ao outro. Isso lhes permite prestar atenção às coisas que fizeram que se apaixonassem lá no início. Agora são mais capazes de perceber quando deixam de interagir e passam a agir de maneira automática ou quando não dão o devido valor um ao outro.

## Sentindo-se impotente

Seja você um decorador lidando com um cliente que não pagou a conta, um trabalhador que não consegue recusar a exigência do seu chefe para trabalhar nos finais de semana ou um condômino que há anos atura seu vizinho que insiste em ouvir música alta tarde da noite. Todos nós já nos sentimos impotentes em algum momento.

Essa sensação de impotência é influenciada por dois fatores. Primeiro, todos *aprendemos* e introjetamos ideias sobre nossa própria capacidade por meio das nossas experiências de vida. Se sofremos *bullying* na infância, talvez tenhamos aprendido que somos impotentes. Por outro lado, nossos pais podem ter nos ensinado que podemos realizar tudo o que quisermos. Aquilo que aprendemos na infância nos molda como adultos.

Há também as *questões* culturais que estabelecem quem tem ou não tem poder e quem deveria ou não deveria ter poder, o que tem muita influência sobre nossa percepção. Os vários tipos de preconceito (racial, sexual, baseado em classe social, hierarquia profissional e de gênero) são criados pela sociedade e podem nos levar a rotular nós mesmos e outras pessoas. Isso pode ser mais ou menos marcante dependendo da cultura e é reforçado por recursos legais, físicos e pelo poder econômico. Sabemos, por exemplo, que as mulheres, mesmo nas democracias liberais do século XXI, ainda estão em desvantagem profissional e salarial; ou que as crianças das famílias mais pobres vão mal na escola e nos exames de proficiência; ou que os jovens com ascendência afro-caribenha estão sub-representados nas melhores universidades do Reino Unido.

Quando a sensação de impotência aprendida se alinha à impotência cultural nossa capacidade de escolha pode desaparecer. Podemos passar a acreditar que não temos controle, capacidade nem direito de expressar nossas necessidades.

No entanto, ao *permitir* que nossa experiência seja somente o que ela é, *investigando* mais profundamente essa vivência e utilizando a *metaconsciência*, nos tornamos capazes de desvendar nossas suposições a respeito da impotência e de questioná--las. Nos tornamos então capazes de perceber quando nosso pensamento nos diz que não temos escolha ou capacidade de influenciar e podemos nos perguntar se isso é realmente verdade. Podemos escolher ter compaixão e apreço por nós mesmos em vez de aumentarmos ainda mais a pressão, pensando que estamos errados ou que deveríamos ser mais fortes. Assim, descobrimos que nosso leque de escolhas se abre novamente.

## TRANSFORMANDO NOSSOS RELACIONAMENTOS

As emoções negativas permanecem quando acreditamos que a situação não vai mudar enquanto o outro não mudar. Algumas vezes podemos pensar que gostaríamos de ser diferentes ou que o outro poderia ser diferente; que poderíamos ter feito alguma coisa diferente, ou que o outro poderia. Mas se nos frustramos em vez de ficarmos interessados no que está acontecendo, paramos de *investigar*. Começamos a reagir automaticamente à outra pessoa em padrões determinados e somos controlados por nossas emoções – de maneira inconsciente.

Podemos começar a transformar nossas emoções e alterar o padrão dos nossos relacionamentos se nos esforçarmos e utilizarmos o PIM.

- Permitir nos torna mais receptivos e atenciosos. Temos mais compaixão para com os outros e com nós mesmos.

- Ao Investigar, ficamos mais interessados e curiosos quanto às suposições que fazemos sobre as outras pessoas – e posteriormente verificamos.
- Com Metaconsciência, nos tornamos mais capazes de detectar, a cada instante, os sinais que enviamos aos outros e de responder melhor em vez de reagir de modo impulsivo. Somos capazes de perceber e de prestar mais atenção aos bons momentos em nossos relacionamentos.

Tudo isso contribui para que possamos expressar nossas necessidades e vontades para outras pessoas, de maneira que possam ouvir e compreender.

E como fazer isso? No restante do capítulo observaremos com cuidado essas importantes capacidades, trazendo informações e exercícios que, com as práticas do Mind Time, vão ajudar você a desenvolver o PIM.

## PERMITIR – TER MAIS COMPAIXÃO E MAIS CUIDADO COM OS OUTROS E COM NÓS MESMOS

Julia é uma mulher animada, bastante ocupada e uma companhia divertida, uma pessoa com muitos interesses e compromissos. Ela nos procurou por achar que poderíamos ajudá-la a encontrar soluções para os problemas que vinha enfrentando em seus relacionamentos profissionais. Depois de começar a praticar o Mind Time, Julia nos descreveu uma mudança fundamental que foi capaz de fazer:

> "Eu sou a mil por hora, tenho uma agenda com mais de trinta tarefas, e tem sido insuportável estar perto de mim quando tenho muita coisa para fazer. Estou me esforçando para ficar calma e focar em só uma tarefa por vez. Também preciso

compreender que há outras pessoas comigo, e que elas têm seu próprio ponto de vista a respeito da situação."

Julia estava rindo ao nos contar isso – enxergou humor na forma como voava, como um redemoinho, entre o trabalho e a família, sem nunca notar as outras pessoas. O Mind Time a ajudou a se acalmar o suficiente para notar as necessidades das outras pessoas ao seu redor e ter empatia por elas.

Essa pequena mudança de comportamento teve um tremendo impacto em seus relacionamentos. Os colegas de trabalho se sentiram mais valorizados e puderam se abrir. Julia passou a ficar mais informada para tomar melhores decisões e seus colegas do escritório ficaram mais à vontade para ajudá-la. Tudo isso melhorou a qualidade do seu trabalho e diminuiu sua tensão. Seus relacionamentos familiares começaram a fluir naturalmente. Isso representou um grande alívio para Julia.

Julia estava prestando mais atenção em tudo à sua volta, sendo empática e gentil com seus colegas e com sua família em vez de vê-los (se é que os via) como parte de uma transação mecânica. Passou a vê-los como seres humanos, com sentimentos, medos, alegrias e necessidades. Percebeu quão grata deveria ficar por tê-los na sua vida, mesmo que às vezes ficasse irritada.

Momento de Bondade foi uma das práticas do Mind Time que exercitamos com ela – e que você verá que é algo que também pode fazer. Esse exercício nos faz enxergar como outras pessoas são parecidas conosco e ajuda a estabelecer empatia e gentileza. Se há alguém com quem você tenha dificuldade para se relacionar ou alguém que você deseja compreender melhor e amar ainda mais, tente usar essa prática todos os dias por uma semana e verá como seu relacionamento vai melhorar.

Outro exercício, um pouco mais curto e que as pessoas também consideram útil, é a prática Assim como Eu.

 PRÁTICA ASSIM COMO EU

Traga à sua mente a pessoa com quem está tendo dificuldades para se relacionar ou de quem você gosta, mas que esteja querendo se relacionar melhor.

Com atenção, reflita sobre cada uma das linhas abaixo, despendendo pelo menos 10 segundos em cada uma delas.

Essa pessoa tem um corpo e uma mente, assim como eu.

Essa pessoa tem sentimentos e emoções, assim como eu.

Essa pessoa, em algum momento da vida, ficou triste, desapontada, zangada, magoada ou confusa, assim como eu.

Essa pessoa já passou por dor física e sofrimento emocional, assim como eu.

Essa pessoa deseja se livrar da dor e do sofrimento, assim como eu.

Essa pessoa quer ter saúde e ser amada em um relacionamento acolhedor, assim como eu.

Essa pessoa quer ser feliz, assim como eu.

O exercício acima deve ser feito sozinho.

Existe outra prática que pode ser realizada com outras pessoas, que chamamos de Momento de Bondade.[7]

 MOMENTO DE BONDADE

Pense em uma pessoa de quem você goste e com quem queira melhorar ainda mais sua relação ou em alguém com quem tenha dificuldade de se relacionar, mas com quem queira ter um bom relacionamento.

Na próxima vez que encontrar essa pessoa faça o seguinte:

- Enquanto estiver conversando com essa pessoa, mantenha contato visual, olho no olho (supondo que isso seja culturalmente apropriado neste caso). Foque no fato de que essa pessoa é um ser humano único – com todas as mesmas vulnerabilidades, alegrias e necessidades que você.
- Concentre-se no carinho que você sente por essa pessoa. Esta parte pode ser complicada caso seu relacionamento com ela seja ou tenha sido difícil no passado. No entanto, concentre-se em algo que você aprecie/respeite nela, por menor que seja, e amplifique esse sentimento.
- Foque nos benefícios que essa pessoa lhe traz – o que você pratica com/aprende com/recebe dessa pessoa. Porém, mesmo que sua relação esteja complicada, talvez

o lado positivo seja que o relacionamento permite reconhecer coisas em você ou que lhe ofereça a possibilidade de praticar sua capacidade de lidar com conversas complicadas.

- Mantenha-se presente durante o diálogo. Seja curioso sobre os pensamentos e sentimentos que venham a surgir. Observe-os em vez de ficar preso a eles, os perceba apenas como pensamentos e sentimentos, e não como "a verdade" ou "a realidade".
- Após a conversa, dê uma nota de 1 a 10 para o modo como você se sentiu em relação a essa pessoa. Em que sintonia vocês estavam?
- Determine sua intenção para a próxima conversa e veja se consegue aumentar essa pontuação. Tente fazer isso por, pelo menos, quatro ou cinco vezes, refletindo acerca do que você está vivenciando e aprendendo com a prática.

Esse exercício nos permite compreender as outras pessoas. Desenvolver empatia e compaixão aumenta nossa felicidade e saúde, bem como a dos outros.[8]

Contudo, também precisamos ter autocompaixão, aprender a levar a sério nossas necessidades e expressá-las. A capacidade de fazer isso pode ser vital em situações difíceis.

Peguemos o exemplo da Charlotte, uma amiga que respeitamos e admiramos muito. Ela é bastante atenciosa na maneira de lidar com as pessoas, e sempre sabe elaborar as perguntas certas para fazer você enxergar as coisas de uma maneira mais positiva. Logo depois de ter trabalhado conosco para aprender o PIM, foi diagnosticada com câncer de mama, passou por uma cirurgia e por um tratamento de quimioterapia.

Ela passou por momentos de profundo desespero, mas estava segura de que *investigar* suas próprias necessidades e poder expressá-las poderia fornecer a ajuda de que precisava.

Charlotte sabia que precisava às vezes ter por perto pessoas com quem ela pudesse ser ela mesma – com as quais não precisaria desperdiçar energia para manter as aparências. Houve alguns momentos em que ela precisou dizer não para alguns amigos – mesmo quando queriam ajudá-la – para ficar apenas com o marido, os filhos e a mãe.

Ela sabia quando precisava sorrir e quando precisava chorar, e sabia quais amigos eram mais adequados para cada um desses momentos. Sabia dizer quando estava saturada da rotina da vida em família e então aceitava que as amigas cozinhassem para ela.

Quando lhe perguntamos sobre a importância das outras pessoas em sua vida, ela apenas nos respondeu, com lágrimas nos olhos, "muito importantes". Ela riu, balançou a cabeça e disse: "Essa foi uma *tremenda* compreensão!". Sua capacidade para perceber, levar a sério e ter compaixão por suas próprias necessidades ia ao encontro do desejo das pessoas que a amavam e queriam vê-la saudável novamente.

Se formos capazes de nos comprometermos com nós mesmos e com os outros da maneira com que Charlotte fez, o impacto disso na vida de todos será imensurável.

## INVESTIGAR – PERCEBER SUPOSIÇÕES E VERIFICÁ-LAS

O autor e educador americano Stephen Covey lembrou de um episódio ocorrido em uma manhã de domingo no metrô de Nova York:[9]

As pessoas estavam sentadas em silêncio – algumas lendo jornal, outras perdidas em pensamentos ou descansando de olhos fechados. Era uma cena calma e pacífica.

Então, de repente, um homem entrou com seus filhos no vagão do metrô. As crianças eram tão barulhentas e indisciplinadas que o clima mudou instantaneamente.

O homem se sentou ao meu lado e fechou os olhos, aparentemente alheio à situação. As crianças gritavam sem parar, jogando coisas, até mesmo pegando os jornais das pessoas. Foi muito perturbador, e ainda assim o homem ao meu lado nada fazia a respeito.

Era difícil não ficar irritado. Eu não pude acreditar que ele fosse tão insensível a ponto de deixar seus filhos fazerem aquela algazarra e não tomar nenhuma atitude, sem assumir a responsabilidade. Foi fácil ver que todos no metrô também se sentiam irritados. Por fim, com uma paciência fora do comum e certo comedimento eu me virei para ele e disse: "Senhor, seus filhos estão incomodando muita gente, seria possível controlá-los?".

O homem levantou o olhar como se só então tomasse consciência da situação e disse com voz suave: "Ah, você está certo. Acho que devo fazer alguma coisa. Nós acabamos de sair do hospital, onde, a cerca de uma hora, a mãe deles faleceu. Não sei o que pensar, acho que eles também não estão sabendo lidar com tudo isso".

Consegue imaginar como me senti naquele momento? Meu paradigma foi deslocado. De repente vi as coisas de uma outra maneira e porque eu as vi dessa forma, pensei diferente, me senti e me comportei de maneira diferente. Minha irritação desapareceu. Eu não precisava me preocupar em controlar minha atitude ou meu comportamento; meu coração foi tomado pela dor daquele homem. Senti empatia e compaixão. "Sua esposa acabou de falecer? Oh, sinto muito! O senhor quer falar sobre isso? O que eu posso fazer para ajudar?" Tudo mudou em um instante.

Observamos o comportamento dos outros e fazemos a todo instante suposições sobre o que as coisas significam. Algumas vezes isso nos ajuda, outras nem tanto.

A figura abaixo descreve como agimos influenciados por suposições incorretas e como *investigá-las*. O PIM pode nos ajudar neste processo.[10]

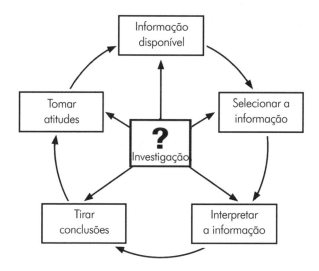

Há muita informação no mundo ao nosso redor para prestarmos atenção em tudo, e por isso precisamos selecionar uma fração desse todo para interpretar essa informação e tirar conclusões. Essas conclusões direcionam nossas atitudes, que por sua vez levam a uma nova situação, e o ciclo recomeça. Somos capazes de *investigar* em todos esses estágios. Podemos nos perguntar se estamos selecionando as informações mais relevantes, se estamos levando em conta suposições mal pensadas e se estamos tirando conclusões com base em um entendimento muito limitado. O PIM nos ajuda a desenvolver essa capacidade de *investigação*.

No exemplo anterior, as pessoas sentadas no metrô escolheram prestar atenção, não de modo surpreendente, no comportamento das crianças. A maioria interpretou que o pai não estava tomando conta dos filhos e concluiu que ele estava sendo omisso e que deveria tomar uma atitude para controlá-los. Quando Stephen Covey resolveu falar com o sujeito, percebeu que sua suposição estava muito errada e tomou um curso diferente de ação – teve empatia e perguntou se poderia ajudar.

O PIM desenvolve nossa capacidade de investigar suposições e, por meio do aperfeiçoamento da capacidade de observar nossos pensamentos e sentimentos, percebemos como estamos escolhendo, interpretando e agindo sob a óptica dessa informação. Podemos identificar nosso sentimento de irritação e verificar em que está baseado. Podemos observar como nosso pensamento busca rapidamente conclusões e fazer uma pausa para *investigar*, para então propor outras possíveis interpretações.

Por meio do PIM abrimos espaço para verificar se nossas suposições são de fato razoáveis e talvez torná-las perceptíveis aos outros, investigando com ainda mais interesse e compaixão a informação ao nosso redor.

## METACONSCIÊNCIA – A ESCOLHA DOS SINAIS QUE ENVIAMOS

Quando encontramos um estranho, leva apenas um décimo de segundo para formarmos uma opinião baseada na leitura dos seus aspectos faciais. Rapidamente decidimos de quem podemos nos aproximar e quem será a figura dominante.[11] Mudamos nosso comportamento de acordo com isso e estabelecemos o início dessa potencial relação com o pé direito ou esquerdo. O mesmo tipo de leitura de sinais, talvez com maiores consequências, acontece em nossos relacionamentos mais íntimos.

É aqui que a *metaconsciência* pode nos ajudar. Nossa capacidade de estarmos cientes dos sinais que estamos enviando é vital para o desenvolvimento de relações bem-sucedidas e produtivas. Nancy Klein, uma autora que estuda a capacidade de ouvir e pensar em conjunto, diz algo incrível: "Conheça seu rosto".[12] Ela nos aconselha a desenvolver consciência a respeito das nossas expressões faciais e das mensagens que elas transmitem. O PIM nos ajuda a fazer isso.

Algumas vezes nosso rosto pode transmitir o oposto do que realmente estamos pensando e sentindo. Por exemplo, em nossos *workshops* às vezes há alguém que nos chama a atenção por estar sentado de braços cruzados e com as sobrancelhas franzidas – mas depois percebemos que essa é a "expressão pensativa" daquela pessoa, que ela faz quando está interessada e pensando. Também nos deparamos com pessoas que não conseguem evitar sorrir quando estão nervosas ou são confrontadas; é apenas uma reação automática que geralmente desconhecem.

Em outros momentos, nosso rosto e nossa linguagem corporal podem transmitir *exatamente* o que estamos pensando e sentindo. Isso é ótimo se estamos nos sentindo otimistas e positivos, mas não tão bom se estamos mal-humorados e estressados. Então é preciso às vezes ter a capacidade de regular nosso estado emocional e os sinais que estamos enviando para não afetarmos os outros. É aqui que o PIM pode nos ajudar.

Nosso estado mental e corporal pode ser "transmitido" para outras pessoas, assim como uma doença contagiosa. Essa dinâmica é chamada de contágio emocional.[13] Quando nos apavoramos, essa sensação é transmitida às pessoas ao nosso redor. Fomos programados pela evolução da espécie para fazer isso, pois se um membro da comunidade congelar perante o perigo, é extremamente útil que todos ao seu redor também entrem de imediato em "modo ameaça".

Assim, nosso estado emocional se espalha como um incêndio dentro de um grupo. Isso é excelente se estamos bem e relaxados, como em uma festa de casamento celebrando com amigos. Mas não é tão bom quando chegamos do trabalho estressados e aborrecidos e "infectamos" todos que amamos assim que entramos em casa.

Alguma vez você já fez isso? Chegou mal-humorado em casa e em poucos minutos contaminou o humor de todos os que estavam lá? Ou, por outro lado, chegou em um lugar onde as pessoas estavam de mau humor, mas foi capaz de influenciar e mudar o ambiente devido ao seu ótimo estado de espírito?

O PIM é inestimável para ajudar a observar como estamos nos sentindo, como estamos pensando e os sinais que estamos emitindo aos outros no momento presente. E é só quando percebemos isso que podemos optar por alterá-los.

## PIM – ENTENDER E EXPRESSAR SUA NECESSIDADE DE MANEIRA QUE A OUTRA PESSOA POSSA COMPREENDER

Como vimos neste capítulo, todos nós temos necessidades que queremos que sejam compreendidas em nossos relacionamentos. Precisamos ser respeitados, amados, apoiados e ouvidos.

Essas necessidades nos fazem esperar por certas atitudes das outras pessoas. Com essas expectativas em mente, observamos o comportamento dos outros e fazemos suposições sobre o que estão pensando e sentindo – e se estão compreendendo nossas necessidades e atendendo a nossas expectativas de maneira adequada.

Se acharmos que não estão, podemos decidir expressar nossas necessidades para as outras pessoas. Se não utilizarmos o PIM – Permitir, Investigar e a Metaconsciência na situação – possivelmente vamos usar nosso "modo padrão" ou ficaremos calados e reprimiremos nossa frustração.

No entanto, a utilização do PIM nos oferece mais opções. Buscamos *investigar* a experiência momentânea da outra pessoa e refletir cuidadosamente sobre como queremos nos expressar de maneira mais informada, atenciosa e ponderada. Com isso, o outro fica mais propenso a ouvir e a responder de maneira adequada.

Por exemplo, você quer que seu filho adolescente fique longe das redes sociais e do celular no período que antecede a hora de dormir. Você sabe que isso ajuda a dormir bem e quer que ele tire uma boa nota na prova do dia seguinte (e faz você se sentir como um bom pai). Ele, por outro lado, discorda e acha que é importante estar *on-line* com os amigos naquele momento, do contrário perderá uma importante interação social.

Não existe certo ou errado nesse caso, apenas diferentes perspectivas. Se não buscarmos expressar nossas necessidades e expectativas de forma eficaz e se não tentarmos compreender o ponto de vista dos outros, podemos nos decepcionar e cair na armadilha de reagir impulsivamente.

Nesse exemplo, pode ser mais fácil para você, como pai, dar uma ordem e mandar seu filho desligar o celular, mas depois flagrá-lo usando novamente o aparelho, ficar bravo e achar que seu filho é desobediente. Ou talvez você fale sem muita convicção sobre a importância de dormir bem antes de uma prova, mas acabe deixando ele ficar usando o celular (o que vai deixá-lo cansado no outro dia). Em nenhum desses casos você e seu filho estão aprendendo a levar em consideração novas perspectivas para tomar decisões melhor fundamentadas.

Contudo, se antes você *investigar* com calma e compaixão os sentimentos e pensamentos do seu filho, ficará mais fácil para ele se abrir para seu ponto de vista. Ele vai se sentir mais respeitado e ouvir o que você tem a dizer, e vocês podem juntos chegar a um acordo.

Usar o PIM para se relacionar melhor significa exercitar de forma equilibrada a *investigação* e a argumentação. Podemos nos complicar se focarmos em apenas um desses itens ou se não usarmos nenhum dos dois.

Podemos *permitir* e nos importar conosco e assim ter empatia e compaixão pelos outros.

Podemos *investigar* e ficar curiosos sobre nossas necessidades e expectativas, como também perguntar diretamente a outras pessoas quais são suas expectativas e necessidades.

Podemos desenvolver *metaconsciência* para termos capacidade de observar nossos pensamentos, sentimentos, sensações e impulsos e tomarmos cuidado com os sinais e as mensagens que enviamos aos outros.

Dessa forma, teremos mais opções para responder de maneira adequada em vez de optar por reações automáticas, o que pode ser muito contraproducente. Nós nos tornamos aptos a dizer coisas corretas e mais produtivas.

Ser humano significa se relacionar com outras pessoas. Nossa vida é definida por meio dos relacionamentos. Ter em mente melhorar nossas relações, mesmo que essa melhora seja pequena, favorece nossa vida e a vida daqueles que amamos.

O que está impedindo você de começar?

# PRINCIPAIS PONTOS DO CAPÍTULO 3

- Nos definimos pelos relacionamentos. Aprendemos, pensamos, acreditamos, sentimos e nos importamos a partir das relações com os outros.
- Nossos relacionamentos podem causar pensamentos e emoções negativas, como solidão, ressentimento, superioridade ou inferioridade, insatisfação e impotência.
- Para nos protegermos disso, precisamos ter mais aceitação e compaixão pelos outros e por nós mesmos. Precisamos nos tornar interessados e curiosos por nossa vivência do momento presente e com as pessoas com quem estamos nos relacionando. Precisamos ser capazes de identificar o que estamos pensando e sentindo quando nos relacionamos com os outros e abrir uma pequena janela onde poderemos escolher melhor como iremos responder.
- Praticando os exercícios do Mind Time ensinados neste livro por, pelo menos, 10 minutos por dia – e continuar praticando – vai ajudar você a desenvolver as três competências do PIM.

Capítulo 4

# PIM para Ser Feliz

## GANHAR NA LOTERIA

Eu (Megan) sempre gostei de estar com a Bess. Ela era amorosa, otimista e dificilmente se incomodava com más notícias. Dificuldades financeiras e turbulências políticas nunca a perturbavam. Ela não era exigente e nem implicante, sempre comia o que lhe fosse oferecido. Os bens materiais não significavam nada para ela, que não dava importância para o que ela ou qualquer um vestisse. Nunca precisou de bebidas alcoólicas ou de calmantes para dormir – mesmo depois de um dia agitado.

Bess simplesmente era feliz.

Bess era uma cadela da raça *sheepdog* que viveu na fazenda onde cresci.[1] Para nós, humanos, a vida é mais complicada: precisamos de mais.

Neste capítulo, mostraremos como aumentar sua felicidade usando as práticas que apresentamos no Capítulo 2. Você vai aprender a usar sua atenção com mais sabedoria por meio de atividades simples e a construir ativamente uma sensação de bem-estar e felicidade duradoura, porque você não precisa ganhar na loteria para ser feliz. Ganhar na loteria pode, na realidade, ser desastroso para algumas pessoas!

Em 2002, Jack Whittaker, nascido na Virgínia Ocidental, ganhou US$ 315 milhões em um prêmio acumulado da loteria, tornando-se o maior ganhador da história da loteria americana. Ele ficou com US$ 113.386.407 após a dedução dos impostos, dinheiro mais que suficiente para os padrões de qualquer um. Whittaker era presidente de uma construtora e não era pobre quando ganhou o prêmio. Trabalho duro e persistência já lhe haviam rendido cerca de US$ 17 milhões em patrimônio.

No início, as coisas pareciam ir bem para Jack. Ele doou milhões para caridade e criou a Jack Whittaker Foundation, uma organização sem fins lucrativos que fornece alimentos e roupas para famílias de baixa renda na zona rural da Virginia Ocidental.

Porém não demorou muito para que tudo começasse a ruir. Uma maleta com US$ 545 mil em dinheiro e cheques foi roubada de dentro do seu carro que estava estacionado em frente a um clube de *striptease*. Quando questionado por que carregava tanto dinheiro, ele simplesmente respondeu: "Porque eu posso".

Em outra ocasião, dois funcionários do mesmo clube foram presos e acusados de elaborar um plano para drogar Jack para depois roubá-lo. Seu escritório e sua casa foram invadidos diversas vezes e ele foi preso duas vezes por dirigir embriagado.

As coisas tornaram-se catastróficas quando sua neta – a quem ele dedicou amor, dinheiro e atenção – morreu, em 2004. O corpo dela foi encontrado jogado atrás de uma van abandonada, enrolado em uma lona. Encontraram cocaína e metadona em seu organismo. De acordo com amigos, o dinheiro e os carros que seu avô lhe dava atraíram a atenção de más companhias, incluindo traficantes de drogas.

"Minha neta está morta por causa do meu dinheiro", concluiu Whittaker. "Uma vez minha esposa disse que desejava ter rasgado aquele bilhete da loteria. Acho que eu também preferia tê-lo rasgado."

Não estamos contando aqui essa história para afirmar que o dinheiro não é capaz de trazer felicidade. Na realidade, existem evidências de que ganhar na loteria pode, sim, deixar você mais feliz. Mas não tanto quanto gostaria.

O objetivo dessa história é mostrar que os fatores que realmente importam se quisermos ser felizes estão além do dinheiro. Precisamos ser capazes de trabalhar nossa mente de maneira mais hábil. Para isso, é essencial termos compreensão da natureza da felicidade e das emoções positivas que dão origem a ela.

## DE ONDE VEM A FELICIDADE E COMO VOCÊ PODE AUMENTÁ-LA?

Em um famoso estudo publicado em 1978, pesquisadores analisaram dois grupos distintos de pessoas acerca de suas experiências com a felicidade.[2] Eles fizeram perguntas idênticas para ganhadores da loteria do estado de Illinois e paraplégicos ou tetraplégicos vítimas de acidentes.

Os pesquisadores pediram que ambos os grupos avaliassem a satisfação que obtinham em atividades cotidianas – como conversar com um amigo, assistir à televisão, tomar café da manhã, rir de uma piada, receber um elogio e assim por diante. Quando analisaram os resultados, descobriram que as vítimas de acidentes relataram níveis mais altos de satisfação a partir desses prazeres cotidianos do que os ganhadores da loteria.

De fato, os ganhadores da loteria relataram maiores níveis de felicidade geral do que as vítimas de acidentes. Em uma escala de 1 a 5, avaliaram sua felicidade em 4 pontos em média, enquanto as vítimas de acidentes relataram uma média de 3 pontos, o que estava acima do ponto médio da escala. Como os pesquisadores observaram, as vítimas de acidentes não eram tão infelizes quanto esperado.

Ganhar na loteria pode deixar você um pouco mais feliz do que alguém que foi vítima de uma catástrofe recente. Mas por que a diferença é tão pequena?

## CAMINHANDO EM UMA ESTEIRA ROLANTE

Isso acontece em parte por causa da tendência que todos temos de nos acostumar com as coisas que um dia nos deixaram felizes. Com tempo, a emoção de ganhar na loteria desaparece e, à medida que os ganhadores da loteria se acostumam com os prazeres possibilitados pelo dinheiro ganho, estes prazeres a cada dia ficam menos intensos e, por isso, não contribuem mais para a felicidade.

Eu (Michael) tenho um amigo que comprou um carro esportivo novo há alguns meses. Ele ficou muito animado por algum tempo, pois sempre sonhou em ter um carro veloz, e a tecnologia havia evoluído muito em relação ao último carro que havia comprado. O carro novo não só era bem mais rápido como também bem mais econômico em relação ao seu antigo carro. Era bonito e brilhante. Por alguns meses, meu amigo ficava contente toda vez que saía com o carro, dirigir era um prazer e não mais uma tarefa – mesmo nas ruas congestionadas da Grã-Bretanha. Mas esse contentamento começou a esmaecer, e com o tempo o carro voltou a ser apenas seu meio de transporte. Nada especial.

Experiências como essa apontam para o que psicólogos e economistas chamam de esteira hedônica, ou adaptação hedônica. A palavra "hedônica" se refere às coisas que nos dão prazer. Se nossa felicidade depende exclusivamente do prazer que sentimos quando compramos algo novo, estamos em uma esteira rolante: sempre buscando mais prazer.

Não funciona.

Há, no entanto, outra maneira de moldar sua mente.

Não há nada de errado com o prazer. Na realidade, é bom buscar experiências agradáveis e desfrutá-las. Mas em vez de correr atrás sem refletir, perseguindo sem parar a próxima dose como um *hamster* em uma roda de exercícios, podemos buscar a felicidade com sabedoria. Como visto nos capítulos anteriores, quando utilizamos Permitir, Investigar e Metaconsciência no dia a dia, nossa capacidade de apreciação aumenta. Desenvolvemos um novo tipo de mentalidade – mais aberta, mais interessada, mais curiosa e mais gentil.

Ao praticar os exercícios descritos no Capítulo 2, você começa a remodelar sua mente e, com tempo, muda seu cérebro. Essas mudanças alteram a forma como percebemos e vivenciamos a nós mesmos, os outros e o mundo ao nosso redor. Uma das mudanças notadas pelos pesquisadores é que nos tornamos mais propensos a nos aproximar de novas experiências que surjam em nosso caminho e menos propensos a evitá-las.[3]

Por que que isso ocorre?

## BUSCAR OU EVITAR?

Um elemento essencial para nossa evolução é a capacidade de buscar por coisas que vão facilitar nossa sobrevivência e evitar aquilo que a ameaça. Aprendemos a buscar o que nos dá prazer e sensação de segurança e a evitar o que nos ameaça ou causa dor. Isso foi demonstrado quando cientistas mediram o grau de atividade elétrica em uma parte do cérebro conhecida como córtex pré-frontal. A parte esquerda do córtex pré-frontal é ativada quando estamos em "modo de busca" – indo em direção a algo com abertura, interesse e curiosidade. A parte direita fica ativa quando estamos em "modo de evitação" – sentindo emoções como medo, nojo, ansiedade ou aversão.

Todos nós ativamos durante o dia a dia ambos os lados do córtex pré-frontal em algum nível. Há situações que buscamos e situações que evitamos. Mas as questões-chave são: qual delas é a dominante e qual lado é estimulado em maior proporção?[4]

Se estamos mais voltados a "buscar", o lado esquerdo do córtex pré-frontal está mais ativo, e os níveis de bem-estar e felicidade são maiores. Mas quando estamos mais voltados a "evitar", é o lado direito do córtex pré-frontal que fica mais ativo. Ficamos mais fechados e ansiosos, e os níveis de bem-estar e felicidade são mais baixos.[5]

Nossas pesquisas confirmam que quando nos comprometemos diariamente com as práticas apresentadas no Capítulo 2, a proporção na ativação dos lados direito e esquerdo do córtex pré-frontal mudará com o tempo.[6] A prática nos torna mais "propensos a buscar" e isso nos deixa mais felizes.

São dois os pontos essenciais para que isso ocorra.

Primeiro, o PIM torna possível adotar uma atitude muito mais criativa em relação às experiências indesejadas. Em vez de reagir, aprendemos a nos abrir para as experiências e *permitir* que sejam como são. Nos movemos em direção a elas com interesse e curiosidade. Aprendemos a utilizar nossa consciência frente às situações, observamos nossos pensamentos, sentimentos, sensações e impulsos como apenas isso – um fluxo de pensamentos, sentimentos, sensações e impulsos. A atitude de "desprendimento íntimo" que discutimos no Capítulo 1 é extremamente útil quando as coisas não saem como desejamos (vamos discutir isso com mais detalhes no Capítulo 8, que explora a forma como respondemos a eventos inesperados e indesejados).

Em segundo lugar, o PIM nos permite extrair muito mais das experiências positivas que surgem em nosso caminho. Nós as notamos, damos o devido tempo para elas, as valorizamos e as apreciamos. Isso é importante, pois nossa atitude-padrão é de não prestar muita atenção a essas experiências, pois somos mais conectados à negatividade.

---

Você já encontrou um bom lugar para o Mind Time?

Se não, continue tentando. Pode levar algum tempo até você se adaptar.

---

## CONECTADOS À NEGATIVIDADE

A evolução moldou nosso cérebro de modo que ele funcione como Velcro, quando vivenciamos experiências negativas, e como Teflon, com experiências positivas.[7] Temos tendência de guardar mais as experiências negativas, enquanto as positivas tendem a desaparecer mais rápido. Os cientistas chamam isso de "viés de negatividade".[8] Assim, mesmo quando as vivências são igualmente intensas, os eventos mais negativos – pensamentos, emoções, interações sociais desagradáveis e ocorrências prejudiciais ou traumáticas – têm mais efeito sobre nosso estado psicológico do que eventos positivos ou de natureza neutra. Em outras palavras, experiências positivas geralmente têm menos impacto na maneira como pensamos e sentimos do que experiências negativas de mesma proporção.

Não é difícil compreender por que a evolução nos moldou assim. Se você desperdiçar uma possível experiência positiva – como uma chance de acasalar ou obter comida – provavelmente haverá uma nova oportunidade em breve. Mas se você vacilar diante de uma experiência potencialmente negativa, como não perceber a presença de um predador, não haverá muitas chances. Embora a maioria de nós agora viva em um ambiente muito menos predatório, a evolução não alcançou esse desenvolvimento e ainda enfatizamos mais as experiências negativas.

Na escola de negócios onde trabalhamos, às vezes conduzimos juntos um programa de treinamento. No final do curso, os participantes são convidados a avaliar em uma escala de 1 a 10 vários elementos do programa e a adicionar comentários. Sempre lemos tudo com muita atenção, procurando formas de aperfeiçoar o processo e observar o que funcionou e o que não funcionou. É interessante perceber como nosso viés de negatividade se manifesta no processo. Podemos ler quinze folhas com comentários positivos e cheios de gratidão com avaliações entre 9 e 10. Mas se a décima sexta folha nos classificar com 7 pontos ou menos e se houver algum comentário cético ou crítico, imediatamente isso nos chama a atenção. Todos os comentários positivos desaparecem, escorregam facilmente pelos nossos receptores de positividade revestidos de Teflon enquanto os receptores de negatividade se agarram como o Velcro a um único comentário negativo.

Sempre trocamos sorrisos quando percebemos como o viés de negatividade está atuando. Isso não significa que não damos a devida atenção aos comentários mais críticos. Mas precisamos estar conscientes e nos lembrar dos comentários positivos que recebemos. É preciso um pequeno esforço consciente para voltar a enxergar a situação de maneira correta.

Você reconhece essa dinâmica na sua vida, no seu trabalho ou em casa? Com que frequência você se concentra mais no lado negativo e ignora o positivo? Isso faz parte da condição humana e é preciso dar a devida atenção ao negativo. Mas também é importante não ignorar as partes positivas.

## NEGATIVO – POSITIVO: MODIFICANDO A COMBINAÇÃO

Não é preciso fazer muito para compensar o viés da negatividade. Ele é instintivo e inconsciente, e quando você compreender isso poderá fazer escolhas conscientes que vão modificar sua experiência das situações e proporcionar níveis mais elevados de felicidade e bem-estar.

As práticas que compartilhamos no Capítulo 2 ajudarão você a lidar melhor com suas próprias reações. Mas há mais coisas que você pode fazer além de reduzir as reações negativas se quiser realmente prosperar. Para começar, tente cultivar emoções positivas.

Todos nós temos o que alguns especialistas chamam de "taxa de positividade", que é a relação entre as emoções positivas e negativas que vivenciamos ao longo do dia.[9] Embora os pesquisadores não concordem sobre os números envolvidos nessa relação, todos afirmam que mesmo pessoas descritas como "lânguidas" – em vias de se tornar deprimidas ou ansiosas – em geral passam por *mais* situações positivas do que negativas durante um dia típico.[10] A questão é que o viés da negatividade geralmente faz que experiências positivas passem despercebidas.

Para sair da languidez e prosperar é preciso elevar ainda mais nossa consciência. Para superar o viés de negatividade é preciso procurar ativamente por experiências positivas e estar *mais* consciente para desfrutá-las com intensidade.

Por exemplo, eu (Michael) recentemente estive em um parque da minha cidade e notei o aroma dos limoeiros em pleno florescer. Isso transformou de imediato o que eu estava sentindo naquele momento – eu estava preocupado, e a paisagem do parque me parecia fria e sem vida.

# TORNANDO-SE MAIS POSITIVO

Se você apreciar pequenas experiências positivas, elas mudam sua experiência geral. Mas o que queremos dizer com experiências positivas? E em que consiste apreciá-las?

A professora Barbara Fredrickson é uma das maiores especialistas do mundo na ciência das emoções positivas. Sua pesquisa identificou 10 emoções positivas básicas: alegria, gratidão, interesse, serenidade, esperança, orgulho, diversão, inspiração, admiração e amor.[11] Embora existam outras emoções positivas, essas são as que mais trazem cor à nossa vida. Buscar e apreciar essas emoções positivas deixará você mais feliz. Se você agora estiver pensando: "Está bem, isso é bom, mas não é um pouco egocêntrico? Um pouco egoísta?", aqui estão alguns fatos de vários estudos que podem deixar você mais tranquilo:

- **Positividade muda nosso relacionamento com os outros – nos permite deixar o egoísmo e aumentar nossa conexão com os outros.** Pesquisadores dividiram voluntários em três grupos e pediram para que todos avaliassem quão próximos se sentiam dos amigos. Mais tarde, foram mostrados vídeos. Para os indivíduos de um grupo foram apresentadas cenas de filmes de comédia; outro grupo assistiu a clipes de filmes de terror; e o terceiro grupo viu um vídeo educacional. Assim, "contagiados" por sentimentos positivos, negativos e neutros, os voluntários foram convidados a avaliar novamente como se sentiam em relação a seus amigos. Aqueles que estavam mais positivos (após assistirem a cenas de comédia) avaliaram a si mesmos como mais conectados aos amigos. Em vez de nos tornar egoístas, a positividade nos faz sentir mais próximos dos outros.[12]

- **Positividade reduz o preconceito – ajuda a neutralizar nosso preconceito racial.** O conhecido insulto racista "para mim eles são todos iguais" tem de fato algum fundamento, mas pode ser reduzido e até mesmo anulado quando aumentamos nossa positividade. Sob influência da positividade, as pessoas são capazes de reconhecer as características particulares de pessoas de uma raça diferente como o fazem para reconhecer as características particulares de pessoas da sua própria raça.[13]
- **Positividade aumenta a criatividade.** Usando diferentes tipos de música, uma equipe de cientistas "contagiou" voluntários com positividade, negatividade e emoções neutras.[14] Entre outras coisas, pediram então aos voluntários para pensarem em uma palavra que ligasse três outras palavras oferecidas (por exemplo, se as palavras fossem "ceifar", "atômica" e "domínio", a palavra de ligação aqui seria "poder"). Quanto mais positivos os voluntários estavam, mais criativos se saíram no teste.
- **Positividade nos ajuda a lidar com a adversidade.** Pesquisadores conduziram uma pesquisa com estudantes universitários medindo seus níveis de positividade e a tendência deles para manter a mente aberta ao lidar com problemas. Foram feitas diversas perguntas em torno do tema "quando você enfrenta problemas, você dá um passo atrás e busca visualizar outras possíveis soluções?".[15] As pessoas mais positivas se saíram melhor, foram mais capazes de lidar com a adversidade mantendo a mente aberta e enxergando uma gama maior de soluções. Quando os pesquisadores retornaram cinco semanas após a primeira rodada de perguntas, descobriram que os alunos que foram mais positivos no início se mantiveram positivos. A capacidade de abertura que haviam demonstrado inicialmente permitiu que encontrassem

melhores soluções para os problemas que vinham enfrentando, o que fortaleceu ainda mais sua positividade.

- **Positividade nos faz sentir bem.** Isso é importante, e não de forma egocêntrica. Sentir-se bem aumenta nossa sensação de que somos competentes e de que nossa vida tem significado e propósito. Aumenta nosso otimismo, nossa resiliência e autoaceitação, melhora a saúde e nos permite ter relacionamentos mais positivos. Sentir-se bem ajuda a construir os recursos pessoais que precisamos para trilhar com mais sucesso a jornada da vida.[16]

Todos podemos ser mais positivos.

Veja como:

## BUSCAR E APRECIAR EXPERIÊNCIAS POSITIVAS

Como vimos anteriormente, o PIM nos ajuda a ser menos reativos, a responder de maneira correta e a não ser tão "explosivos" quando as coisas não são como esperamos que sejam. Mas não é só isso, o PIM nos proporciona mais recursos quando estamos em dificuldade. Também — e sobretudo — ajuda a perceber a nós mesmos, a explorar e a desfrutar mais das coisas boas que encontramos pelo caminho, o que é o ponto mais importante de todos. Como vimos, não percebemos muito nossos estados positivos, mas, quando estamos mais conscientes e curiosos, ficamos mais propensos a perceber e aproveitar as coisas boas que, de outra forma, passariam despercebidas.

A Ashridge House, o lugar onde trabalhamos, é um casarão antigo e majestoso situado em uma área com centenas de hectares de parques e jardins. Tem uma vista exuberante e, em determinados dias, de tirar o fôlego dos campos do interior da Inglaterra. O estacionamento dos funcionários fica afastado, descendo um declive onde não prejudica a vista. Quando eu

(Megan) comecei a trabalhar em Ashridge House, estacionava o carro, saía, pegava meu celular na bolsa e andava rapidamente pelo gramado principal em direção ao escritório checando meus e-mails e respondendo a mensagens. Um dia me dei conta do que estava fazendo. Que desperdício absurdo!

Vamos ver o que aconteceu naquele momento em que me dei conta.

- A *metaconsciência* funcionou. Eu notei o que estava fazendo.
- *Permitir* fez que eu não me fechasse. Não criei um drama desnecessário em torno da situação. Apenas sorri para mim mesma — notei como meus hábitos estavam atuando — e decidi estabelecer um novo hábito, mais criativo.
- Passei a *investigar,* analisei com interesse meu comportamento habitual. Comecei a olhar com mais interesse para a beleza que antes estava ignorando — o formato das árvores, a cor do céu e a arquitetura dos edifícios.

Com o PIM ativo, minha experiência dessa caminhada nunca mais foi a mesma. Essa pausa momentânea, quando me dei conta do que estava fazendo, abriu espaço para perceber que aquele momento era uma experiência a ser apreciada.

Desde então, mantive meu celular na bolsa e aproveito a caminhada de 3 minutos como uma oportunidade de desfrutar da beleza ao meu redor e de me preparar para um dia produtivo.

Aquele momento em que percebi meu velho hábito e criei o novo hábito de desfrutar da beleza ao redor faz toda a diferença no desenrolar do meu dia.

Nem todos trabalham em um ambiente tão belo, mas há oportunidades em todos os lugares. Basta perceber e dedicar alguns instantes para apreciar as experiências positivas em nossa vida cotidiana.

Dedique alguns momentos para refletir sobre as 10 diferentes emoções positivas que mencionamos anteriormente. Comece observando a variedade de emoções: existem diferentes maneiras de vivenciar essa positividade. Agora sinta como elas se manifestam na sua própria experiência – como você as sente em seu corpo, por exemplo – e observe o que cada uma das 10 emoções faz com seu humor. Assim, você pode começar a desenvolver a habilidade de percebê-las e de dar valor a elas quando surgirem no seu dia.

Lembre-se de que o cérebro é como Teflon para essas emoções positivas: são logo esquecidas depois de serem vivenciadas. Mas o PIM pode ajudar a passar mais tempo com cada uma delas toda vez que surgirem no seu dia. Note-as, tire alguns instantes e aprecie cada uma delas: isso pode mudar seu dia.

Não é preciso ganhar na loteria para ser mais feliz. Às vezes só é preciso notar e apreciar os momentos de felicidade que já estão lá.

## Alegria

Lembre-se de uma situação em que você sentiu alegria. É uma inesperada e maravilhosa experiência. Cada momento de alegria é único. Há sentimentos de alegria por estarmos com pessoas das quais gostamos e amamos. O sentimento de elevação e liberdade de estar à vontade, presenciar algo encantador, receber um presente inesperado ou um elogio. Todas essas situações podem ser portais para momentos de alegria. A alegria afina nossos sentidos, as cores ficam mais brilhantes, nosso rosto acende e sentimos uma espécie de brilho interior.

Eu (Michael) tenho quatro netos. Passar algum tempo com eles é uma boa maneira de viver momentos de alegria. Ollie, meu neto mais novo, tem pouco mais de 3 anos e adora correr. "Vai mais rápido vovô, vamos mais rápido. Em suas marcas, preparar, JÁ!" E nós corremos. Não é apenas a alegria e o prazer de Ollie que me contagiam – é também o sorriso no rosto das pessoas ao redor. Ao verem um garotinho e seu avô rindo, transbordando de alegria, de mãos dadas e correndo até ficar sem fôlego, todos que passam sorriem e emitem pequenas ondas de felicidade que se espalham pelos parques de Cambridge.

Reflita por algum tempo sobre o que lhe proporciona alegria. O que funciona na sua vida? Como você pode organizar sua vida para que tenha mais momentos felizes?

## Gratidão

A gratidão abre nosso coração e alimenta o impulso para retribuirmos. Pense nas coisas pelas quais é grato: os cuidadores, educadores e professores que estimularam e encorajaram você. A complexa rede de serviços e todas as pessoas que trabalham para a vida moderna funcionar: garis, eletricistas, encanadores, bancários, bombeiros, policiais, médicos e enfermeiros. Cada um deles está disposto a fazer um pouco mais do que o especificado em seus contratos de trabalho para que a vida seja mais agradável para todos nós. Pense em como você se beneficia da boa vontade de tantas outras pessoas que não vê. Pense no alimento que comemos, na água limpa que chega à nossa casa e no esforço de inúmeras pessoas que tornam tudo isso possível.

Pense em cinco coisas pelas quais é grato – faça isso agora mesmo. Qualquer coisa, grande ou pequena. Apenas cinco!

Aprecie esse sentimento de gratidão. Permaneça com essa sensação por alguns instantes.

Estudos apontam que se pararmos uma vez por semana para observar apenas cinco coisas pelas quais somos gratos, sejam elas grandes ou pequenas, aumentaremos nosso grau de felicidade.[17] Apenas uma vez por semana é o ideal. O estudo identificou que os voluntários não obtiveram o mesmo benefício quando fizeram esse exercício por três vezes na semana durante o mesmo período – talvez porque se cansaram da prática.

## Serenidade

A serenidade surge quando estamos em um ambiente familiar onde nos sentimos seguros e não precisamos nos esforçar demais. É aquele sentimento de tranquilidade e conforto que pode surgir quando estamos deitados na cama no fim de semana antes de despertarmos para começar o dia. Quando nos contentamos apenas em estar lá, à vontade, sem precisar de mais nada, sentindo o que estamos sentindo, deixando nossos pensamentos de lado. A sensação de estar em casa com uma bebida quente – sozinho ou em boa companhia – aproveitando o conforto do sofá, a calma de estar em casa. É a sensação de estar no campo ou na praia sem nada para fazer – um sentimento de simplesmente estar.

Você consegue se conectar com sentimentos de serenidade? Agora? Quando foi a última vez que você teve essa sensação? Na próxima vez que percebê-la, escolha conscientemente ficar com ela por alguns momentos. "Ah sim – isto é serenidade. Que bom senti-la!"

## Interesse

A serenidade envolve deixar um pouco de lado o esforço, mas o interesse é mais ativo. É algo que gera faíscas e que nos chama a atenção, algo que queremos buscar, nos envolver e explorar. Queremos ir mais longe por esse caminho, ler com mais atenção este livro, explorar mais detalhes de algo na internet ou enfrentar desafios que nos possibilitem adquirir novas habilidades. Quando estamos interessados nos sentimos mais abertos e vivos, sentimos que nosso horizonte se expande com novas possibilidades.

Quando foi a última vez que você ficou realmente interessado por alguma coisa? Como se sentiu? O que desperta seu interesse? Você tem tempo para perseguir esse interesse ainda hoje?

## Esperança

Quando tudo está acontecendo conforme o previsto, há pouca necessidade de se ter esperança. Ao contrário de outras emoções positivas, a esperança encontra seu lugar quando as coisas não estão indo tão bem ou quando há muita incerteza sobre como vão acabar. Esperança é útil quando perdemos o emprego ou quando alguém que amamos fica doente. É "temer o pior, mas esperar pelo melhor". Na esperança existe uma crença central de que as coisas podem melhorar, e ela é capaz de nos sustentar e nos manter em movimento em momentos ruins.

A esperança também desempenha um papel em assuntos mais cotidianos. Temos esperança com relação ao hoje, a situações que vão se desenrolar esta semana. Por exemplo, esperamos, como autores, que este livro possa ajudar muitas pessoas.

Reflita por alguns instantes. Como a esperança está atuando na sua vida?

## Orgulho

O orgulho nocivo tem duas primas feias – a vergonha e a culpa – que podem nos dominar quando sentimos que fizemos algo ruim. E é triste constatar que em algumas partes do mundo ocidental vergonha e culpa são pragas que atormentam muitas pessoas. Podemos nos sentir culpados pela nossa orientação sexual ou por ter vergonha do nosso corpo. O PIM pode ajudar com esse tipo de problema. Podemos enxergar com mais clareza o que está por trás desses sentimentos, observando como eles afetam nosso comportamento e, com mais compaixão e bondade para conosco, deixar as coisas mais leves.

Já o orgulho saudável, que não é a mesma coisa que soberba ou ego inflado, é muito positivo.

O orgulho positivo surge quando realizamos algo pelo qual recebemos os créditos. Quando algo é feito com humildade, é aquela agradável sensação de se alcançar um objetivo. "Finalmente consegui consertar a lavadora quebrada." "Superei meu medo de falar em público." "Aprendi a tocar violão." Esse sentimento é ainda mais especial quando fazemos coisas que sabemos que serão reconhecidas por outros.

O orgulho é um grande motivador. Pesquisas mostram que sentir orgulho torna as pessoas mais propensas a não desistir de cumprir tarefas desafiadoras.[18]

O que faz você se sentir orgulhoso? Como seu corpo reage quando vivencia esse sentimento?

## Diversão

Estávamos eu (Megan) e minhas duas filhas, Mia e Lottie, sentadas à mesa da sala de jantar conversando sobre nossas semelhanças físicas e se elas se pareciam mais comigo ou com o pai delas. Lottie concluiu que se parecia mais comigo, mas quando lhe disse que eu não tenho covinhas como ela, ficou surpresa, se inclinou para a frente e passou seu pequeno dedo suavemente ao longo das linhas de expressão ao redor dos meus olhos e disse: "Oh, mas mamãe, você tem muitas covinhas, mas elas têm um formato diferente das minhas, são mais finas e compridas".

As crianças são uma fonte inesgotável de diversão, e meu marido, Steve, e eu decidimos, desde o início, registrar esses pequenos momentos que nos fizeram rir tanto em um caderno – entendendo que essas histórias costumam escapar facilmente da nossa memória. Vez ou outra consultamos esse caderno e rimos juntos com Mia e Lottie.

Às vezes rimos sozinhos, e isso pode melhorar nosso humor. Mas os benefícios são maiores quando compartilhamos nossa diversão com outras pessoas. Assim como o bocejo, o riso é altamente contagioso. O riso é um indicativo de que aquele local, onde estamos rindo, é um lugar seguro. Compartilhar uma risada com alguém é sinal de que estamos à vontade e prontos para nos conectar. Embora também existam as risadas cruéis.

Quando foi a última vez que você riu com outras pessoas? Como isso afetou seu humor?

## Inspiração

"Inspire-se" foi o lema escolhido pelas entidades de fomento ao esporte Sport England e UK Sport para aumentar o interesse pela prática esportiva após o sucesso das equipes olímpicas e paraolímpicas britânicas. Por semanas, durante as olimpíadas de Londres e do Rio de Janeiro, toda mídia se concentrou no extraordinário espetáculo de heróis esportivos levados até o limite da força e da resistência. Ver a natureza humana no seu melhor – seja nos esportes, nas artes ou no ativismo social – nos tira do nosso foco autocentrado.

É inspirador observar os grandes titãs do esporte ou das artes em ação, claro. Mas também há inspiração em ver alguém que está visivelmente nervoso se superar e fazer um lindo discurso em um casamento, ou ver um médico ocupado em um hospital público usar seu tempo para orientar um visitante idoso através do labirinto de enfermarias e corredores. Inspiração nos contagia: é a determinação, a força e a capacidade do ser humano em ação. Eleva nosso espírito e abre novas possibilidades.

Ressentimento e inveja são as duas irmãs más da inspiração. Vamos parar um momento para refletir sobre a diferença entre elas. Ressentimento e inveja esfriam o coração, nos deixam fechados. A inspiração eleva, aquece a alma. Você pode ser lançado para cima ou para baixo – a escolha é sua.

Quem inspira você? O que é tão inspirador nessa pessoa? Como se sente quando pensa nela?

## Admiração

Assim como a inspiração, a admiração é uma emoção autotranscendente. Ela nos afasta de nós mesmos, nos arranca dos nossos pensamentos, sentimentos e sensações rotineiros e abre possibilidades para novas experiências. A admiração amplia nossos horizontes: uma grande catedral, um impressionante pôr do sol, uma paisagem montanhosa. Nós paramos e observamos, fascinados.

A natureza autotranscendente da admiração muitas vezes traz um quê de perigo, uma sensação que o senso de nós mesmos pode estar sob ameaça. A admiração muda nossas perspectivas, nos tira do eixo.

Para mim (Michael), o interior do King's College, uma capela do século XV que fica em Cambridge, é uma fonte de admiração. Uma grande catedral com teto de pedra abobadado, ornamentado e requintado, de janelas com vitrais coloridos é algo realmente impressionante. De pé, olhando para cima, paro para observar a harmonia intrincada da arquitetura e admirar toda sua magia. Muitas vezes saio de lá sentindo que meus olhos foram limpos e que meu coração se abriu.

*Amor*

O amor vem em último lugar nesta lista devido ao seu valor. É a suprema emoção humana. Quando falamos de amor aqui, não estamos nos referindo apenas a subcategorias específicas do amor, como o amor romântico ou o amor que temos por nossos filhos, por pessoas da nossa família ou por bons amigos. Nem estamos falando dos sentimentos de desejo de intimidade que temos quando nos apaixonamos. Estamos falando de amor na sua forma mais ampla, do sentimento de desejar profundamente que os outros prosperem. Quando amamos alguém, nós nos importamos e queremos o bem daquela pessoa. Tente se lembrar de alguém que você considere ser uma pessoa amorosa; podemos garantir que a principal característica dessa pessoa é demonstrar boa vontade e ser amável com os outros.

Em um experimento, a professora Fredrickson e sua equipe de pesquisadores recrutaram um grupo de 139 adultos.[19] Metade deles aprendeu a meditação da Bondade Amorosa que consiste em canalizar a emoção para sentimentos calorosos e afetuosos – uma meditação semelhante à prática de Bondade que ensinamos (ver p. 81-82). Os demais voluntários fizeram parte do grupo de controle. Aprenderam a meditar posteriormente, mas, antes disso, confrontaram o grupo experimental para verificar a eficácia da meditação.

Foi solicitado aos participantes que focassem a atenção na região do coração e se lembrassem de uma pessoa por quem nutrissem sentimentos de bondade e afeto – uma criança ou um ente querido. Foi pedido para estender esse sentimento, primeiro para si mesmo e, em seguida, para um círculo cada vez mais amplo de pessoas.

Os participantes praticaram a meditação por menos de uma hora por dia durante uma semana. O grupo que praticou a meditação apresentou aumento em todas as 10 emoções positivas em comparação ao grupo de controle.

Podemos usar a mente para alterar nosso nível de positividade. Ao fazer isso, é claro que podemos nos tornar mais felizes, mas também mudamos em outros aspectos: melhoramos nossas relações sociais, diminuímos os níveis de preconceito e aumentamos nossa criatividade e capacidade de pensar com clareza.

 NUTRIR A SI MESMO

Aqui está um exercício que você pode fazer para ajudá-lo a ajustar sua rotina diária de forma a aumentar sua positividade.

Anote em um pedaço de papel todas as suas tarefas diárias, em um formato simples e com letras grandes.

Eu (Michael) faria desta forma:

Acordar.
Descer e preparar uma xícara de chá.
Alimentar o gato.
Conversar com Annette (minha esposa).
Caminhar pelo jardim até meu estúdio para praticar o Mind Time.
Voltar para a casa.
Tomar o café da manhã com Annette.
Caminhar novamente até o estúdio para trabalhar.
Checar meus e-mails.
Fazer algumas ligações.
Ir visitar um cliente.
E assim por diante...

Agora dê uma olhada na lista e classifique cada uma das atividades. Coloque um (+) ao lado das atividades que nutrem você, um (–) ao lado das que lhe exaurem e um (/) ao lado daquelas que são neutras.

A lista do Michael agora ficaria assim:

Acordar. (/)
Descer e preparar uma xícara de chá. (+)
Alimentar o gato. (–)
Conversar com Annette (minha esposa). (+)
Caminhar pelo jardim até meu estúdio para praticar o Mind Time. (+)
Voltar para a casa. (+)
Tomar café da manhã com Annette. (+)
Caminhar novamente até o estúdio para trabalhar. (+)
Checar meus e-mails. (–)
Fazer algumas ligações. (+ ou – ou /)
Ir visitar um cliente. (+)
E assim por diante...

Agora, pense com cuidado. Há algum item marcado com (+) na lista que você poderia mudar para um (/) ou até mesmo para um (–) fazendo a tarefa de outra maneira? Há alguma forma de mudar um (/) para um (+)? É possível passar mais tempo com um (+) e menos tempo com um (–)?

Mesmo pequenos ajustes podem resultar em diferenças significativas. Quando eu (Michael) fiz esse exercício em classe, uma das alunas ficou surpresa quando marquei minha caminhada pelo jardim para o estúdio como (/).

> "Mas você está caminhando pelo *jardim*, Michael. Como pode ser algo neutro?"
>
> E ela estava certa. Desde então, quando me lembro, paro por um instante para apreciar. Olho ao redor do jardim e vejo as árvores florescendo ou as folhas caindo. Absorvo as cores e os aromas. É uma pequena, porém significativa, diferença na forma como meu dia começa.

Com o PIM, podemos aumentar nossa felicidade.

Reconhecendo que a evolução prendeu nosso cérebro à negatividade, podemos começar a perceber quando nossa atenção está ligada a coisas que estão dando errado e deixando passar as que estão dando certo.

Quando estamos presos a um estado negativo, o aspecto *permitir* do PIM nos ajuda a não nos julgarmos, nem nos martirizarmos. Em vez disso, percebemos o que está acontecendo, *permitimos* e passamos a sentir bondade e compaixão.

O aspecto da *investigação* do PIM, por sua vez, nos faz olhar profundamente para dentro da situação. O que está acontecendo com nossos pensamentos, sentimentos, sensações e impulsos? O que está dando origem à negatividade? Exploramos isso por alguns instantes.

O aspecto *metaconsciência* do PIM nos ajuda a perceber quando nossa atenção está presa. Percebemos os pensamentos, sentimentos, sensações e impulsos apenas como são. Eles não são "nós", nem são descrições definitivas da realidade das coisas. Afinal, sabemos que somos capazes de pensar e de sentir de forma diferente.

Ao *permitir* o que está ocorrendo aqui e agora, *investigando* nossa experiência momentânea, cientes de que aquilo que vivenciamos são apenas pensamentos, apenas sentimentos e assim por diante, podemos começar a encontrar outras explicações para o que está acontecendo.

Conforme aumentarmos a aceitação das coisas que encontramos, nossa atenção pode se desprender do Velcro da negatividade. Existe algo mais positivo aqui e agora? Nós nos abrimos por alguns momentos e podemos usar esse instante de positividade para mudar nossa experiência geral.

> A que horas do dia é melhor para você praticar o Mind Time?
>
> Se ainda não sabe, continue experimentando. Como é praticar logo pela manhã ou no final do dia?

# PRINCIPAIS PONTOS DO CAPÍTULO 4

- A esteira hedônica mostra como somos péssimos para descobrir o que nos deixa felizes. Pensamos que conseguir algo ou vivenciar uma certa experiência nos trará felicidade, mas quando conseguimos o que queremos ou vivemos certa experiência desejada, acabamos nos acostumando e isso já não nos deixa mais felizes. Ficamos como um *hamster* em uma roda, buscando por mais felicidade.
- Desenvolver a "aproximação orientada" – ir na direção das experiências, mesmo daquelas que não gostamos, com bondade e curiosidade – nos ajuda a ser mais felizes. O PIM pode ajudar nesse processo.
- A evolução formou nosso cérebro para que funcionasse como Velcro para experiências negativas e como Teflon para as positivas. Isso quer dizer que todos nós temos um viés de negatividade.
- Podemos compensar o viés de negatividade buscando apreciar mais as experiências positivas, tais como amor, alegria, gratidão, serenidade, interesse, esperança, orgulho, diversão, inspiração e admiração.

Capítulo 5

# PIM no Trabalho

Vimos como o PIM pode ser fundamental para melhorar os relacionamentos e aumentar a sensação de felicidade. Esperamos que você esteja praticando os exercícios do Capítulo 2 e percebendo alguns dos benefícios de praticar por apenas 10 minutos o Mind Time por dia. Como veremos neste capítulo, o PIM também pode fazer uma grande diferença na nossa vida profissional.

---

Será que um amigo, um familiar ou um colega de trabalho pode ajudá-lo a estabelecer o hábito de praticar o Mind Time?

Peça ajuda às pessoas!

---

## A REALIDADE DO LOCAL DE TRABALHO

A Ashridge Executive Education, escola de negócios onde trabalhamos, recebe todos os anos milhares de pessoas em busca de ferramentas para gerenciar melhor seus locais de trabalho e liderar suas equipes de forma mais eficiente.

Deixe-nos apresentar duas pessoas que conhecemos recentemente e cujas histórias são parecidas com muitas que já ouvimos.

Linda é executiva de uma famosa rede de cafeterias. Em geral ela é animada, otimista e está acostumada a manter praticamente tudo sob controle no trabalho. Mas a empresa onde trabalha está reduzindo custos e passando por uma reestruturação que está deixando o ambiente de trabalho bastante turbulento.

Em um encontro recente, Linda relatou estar cansada e abalada por não ter feito uma pausa adequada em mais de um ano – quando a vimos pela última vez.

A palavra mais usada durante a conversa foi "ocupada". Havia muito trabalho a ser feito. Pessoas foram demitidas; os membros da sua equipe que saíram não foram substituídos, no entanto as expectativas por resultados não diminuíram. Pelo contrário, Linda e seus colegas estavam sendo cobrados por resultados ainda melhores. Os dias de trabalho eram cada vez mais longos e cansativos, com reuniões maçantes, incontáveis e-mails e falta de tempo para respondê-los.

Antes, Linda gostava muito de aprender e de inovações na maneira como as coisas eram feitas no trabalho, mas agora ela não suportava mais ouvir a palavra "mudança". Mudar já não tinha qualquer significado para ela porque havia uma determinação excessiva em torno da questão, sem trégua. Apenas o desejo insaciável de fazer as coisas de maneiras diferentes.

As coisas pareciam estar fora de controle. Linda sentia como se vivesse brincado de pega-pega com seus prazos, mas sem nunca progredir o bastante para atender às expectativas da diretoria. Um resfriado a deixou adoecida durante semanas, mas Linda pensou: "Eu não tenho tempo para ficar doente!".

Ela vivia insegura – seria ela a próxima na fila de dispensas? Apesar dessa inquietação, precisava se mostrar confiante – alguém capaz de "suportar a pressão", inspirar seus colegas e manter os clientes em tempos difíceis. Mas muitas vezes sentia que não aguentaria. A cada dia recebia mais responsabilidades, com menos recursos para cumpri-las. Pensava que a qualquer momento seus colegas e seu chefe perceberiam sua tensão e acabariam descobrindo que ela não era tão capaz quanto achavam que fosse.

Esse pensamento não estava ajudando.

Fingir que se sentia confiante consumia muita energia, e energia era um recurso escasso naquele momento. Linda estava esgotada.

Robert também estava enfrentando problemas no trabalho. Educado e amigável, seu problema era um pouco diferente. Robert é gerente de nível intermediário em uma empresa na Alemanha, está há quinze anos na organização e acredita ter um emprego "mediano". No início, Robert recebeu uma promoção relativamente rápida, mas estava entediado. Acha sua função previsível e de pouca importância. Assim como Linda, sentia necessidade de manter as aparências, embora para ele isso significasse demonstrar entusiasmo, algo que lhe faltava. Ainda que estivesse desmotivado, ele não queria perder o emprego – afinal, não sabia que outra coisa poderia fazer e era o provedor da sua família.

Apesar desse cenário confuso, tanto Linda quanto Robert nos disseram que havia aspectos nos seus empregos que lhes agradavam. Ambos gostavam de seus colegas de trabalho. Linda reconheceu a experiência incrível pela qual estava passando e que impulsionaria sua careira futuramente. Já Robert, se por um lado queria aumentar seu ritmo de trabalho, por outro apreciava a flexibilidade do emprego, o que lhe permitia equilibrar sua vida pessoal para passar mais tempo com os filhos.

A pergunta que ambos se faziam era se conseguiriam se realizar mais no campo profissional.

Ao nos ajudar a sair do piloto automático – para sermos mais responsivos em vez de reativos –, o PIM alivia três questões de pressão no trabalho abordadas em nossa conversa com Linda e Robert, questões que nossa experiência mostra serem bastante comuns.

O PIM nos ajuda a:

- Abandonar o padrão de estar sempre ocupados, muito ocupados, e assim responder melhor às pressões do trabalho.
- Abandonar a passividade em relação às mudanças e nos tornar mais conscientes, à vontade e proativos.
- Não mais nos prender à necessidade de manter as aparências e passar a ser mais compassivos e autênticos.

Podemos adaptar nossa mente em cada um dos casos acima. *Permitir, investigar* e desenvolver a *metaconsciência* vai ajudar você a prosperar em vez de apenas sobreviver no trabalho.

## ESTAR SEMPRE OCUPADO, MUITO OCUPADO

Quantas vezes você perguntou para um amigo como ele está? E a resposta foi: "Muito ocupado – muito ocupado!".

Você também costuma responder dessa maneira?

Muitos de nós nos sentimos sob uma pressão cada vez maior. Muitos têm mais de um emprego.[1,2] Se você trabalha em um escritório, recebe em média mais de 120 e-mails por dia – e a tendência é que esse número aumente.[3] Se você usa um *smartphone* para trabalhar, está interagindo com o trabalho durante 13,5 horas do seu dia ( incluindo os finais de semana) em média.[4]

De acordo com alguns estudos, essa cultura de estarmos sempre conectados significa que em dias úteis temos apenas cerca de três horas para atividades recreativas, como estar em família, fazer exercícios e até mesmo tomar banho (embora esta última não seja exatamente uma atividade recreativa).[5]

Passamos a associar tempo a dinheiro, nos sentimos cada vez mais pressionados e precisando tornar cada minuto valioso em termos econômicos.[6] Podemos ficar demasiadamente preocupados com o custo de não estarmos trabalhando.

Mas além do dinheiro, o que leva à necessidade de estar tão ocupado? A ilustração abaixo apresenta algumas suposições comuns que o PIM ajuda a examinar mais de perto.

# QUÃO OCUPADO VOCÊ É?

- Quando as pessoas lhe perguntam como você está, com que frequência você responde "ocupado"?
- Você se sente bem com a ideia de outras pessoas descrevendo você como "ocupado"? Por quê? Quais são suas suposições neste caso?
- Com que frequência você fica "correndo atrás" sem conseguir, de fato, organizar-se e colocar tudo em ordem?
- Quando foi a última vez que você teve tempo para refletir sobre sua vida profissional – sobre com o que você trabalha e por quê?
- Você acha que há "regras" quanto à necessidade de estar sempre na sua mesa de trabalho? Você acha que é avaliado de acordo com sua obediência?
- Você se descreveria como uma pessoa "muito atarefada"?
- Quantos espaços não preenchidos existem na sua agenda?
- Quando foi a última vez que você foi trabalhar mesmo estando doente?
- Até que ponto você se sente pressionado para trabalhar além do horário "normal" de trabalho?

Ao nos tornarmos curiosos a respeito de nossas experiências, nos tornamos mais conscientes de como pensamos, de como nos sentimos e da forma como, em geral, reagimos.

*"Sou uma pessoa melhor se estiver muito ocupado."*

Dizer que estamos ocupados pode demonstrar nosso grau de importância – "Eu sou tão importante, bem-sucedido e necessário que estou sempre ocupado e com pressa!" Algumas pessoas acabaram desenvolvendo uma crença segundo a qual estar ocupado é a única maneira de ser bem-sucedido; estamos errados se temos tempo para tirar férias (e apenas 6 a cada 10 trabalhadores americanos tiram todos os seus dias de férias) ou ler um bom livro![7,8] Políticos como Donald Trump e executivos famosos como Marissa Mayer, ex-CEO do Yahoo, empresa americana de tecnologia, apontaram como indicadores do seu sucesso a capacidade de se levantar às 4 horas da manhã e de dormir apenas quatro horas por noite. Afirmar com orgulho a capacidade de ser multifuncional – ser capaz de cuidar de três crianças ao mesmo tempo enquanto cuida da casa e de um projeto profissional – é visto como o derradeiro sinal do sucesso.

No entanto, é preocupante o fato de que mesmo pessoas que se acham, às vezes, pouco produtivas, como Linda, sintam a necessidade de parecerem sempre ocupadas por medo de perderem o emprego. Isso leva ao fenômeno conhecido como presenteísmo – ir ao trabalho mesmo estando doente por medo de ser demitido. Isso representa um custo alto para os empregadores – um relatório da Work Foundation no Reino Unido sugeriu que a queda da produtividade no trabalho é maior no presenteísmo do que do absenteísmo.[9]

*"Se eu trabalhar mais, farei mais coisas."*

Ironicamente, não existe uma correlação positiva entre o fato de estar ocupado e o sucesso. Haverá um ponto em que é mais provável estarmos em um círculo vicioso de trabalho, declínio na saúde e menor produtividade. Um estudo publicado na revista médica britânica *Lancet* aponta que trabalhar mais de 55 horas por semana aumenta em 33% o risco de um acidente vascular cerebral (AVC) e em 13% o risco de uma doença arterial coronária, em comparação com quem trabalha entre 35 e 40 horas semanais.[10] Há também muitos estudos ligando o excesso de trabalho ao diabetes, à depressão, a distúrbios do sono e à morte prematura.[11]

À medida que trabalhamos mais, em vez de aumentarmos a produtividade, produzimos cada vez menos. Minamos nossa capacidade de pensar e de responder de forma criativa às mudanças.

Quantas horas por semana você trabalha em média?

Caso seja em torno de 50 horas, sua produtividade pode estar diminuindo. Se for mais de 55 horas, sua produtividade deve estar em total declínio, e se você está trabalhando cerca de 70 horas, provavelmente produz o mesmo que seu colega que trabalha 56 horas semanais.[12]

Então, o que fazer com este dilema, quando nos damos conta de que não estamos produzindo o suficiente? No Capítulo 7 vamos analisar mais atentamente essa questão. Veremos que, com muita frequência, abaixamos a cabeça e, iludidos, trabalhamos ainda mais!

Ou tentamos realizar múltiplas tarefas simultaneamente.

*"Se eu realizar muitas tarefas diferentes ao mesmo tempo serei mais produtivo."*

Outra razão para estarmos sempre ocupados está na falsa crença de que seremos mais produtivos se conseguirmos realizar muitas tarefas diferentes ao mesmo tempo. Ficamos focados apenas metade do tempo em uma tarefa que estamos executando. No restante do tempo nossa mente divaga.[13] Aproximadamente dois terços das pessoas dispersam a atenção durante uma teleconferência: elas ficam atentas apenas o suficiente para responder quando ouvem seu nome.[14] Ficamos na sala de reunião pensando no próximo compromisso. Três quartos das pessoas admitem fazer outras coisas durante reuniões (embora esse fato aponte mais para a falta de motivo para tantas reuniões no trabalho, é claro).[15] Um funcionário gasta em média apenas 3 minutos em uma tarefa antes de focar a atenção em outra coisa.[16] Mães que trabalham relatam que exercem constantemente múltiplas tarefas ao longo do dia.[17] Caso você esteja fazendo malabarismos para lidar com todas suas obrigações: e-mails, tarefas de trabalho e do lar, isso pode diminuir 10 pontos do seu QI – mais do que fumar maconha.[18]

Tudo isso é resultado da crença de que realizar diversas tarefas ao mesmo tempo nos torna mais produtivos no trabalho.

Quanto mais realizamos múltiplas tarefas na tentativa de produzir mais, menos produzimos. E como respondemos a isso? Trabalhamos com mais empenho, nos esforçamos mais para realizar múltiplas tarefas... e a roda de exercícios do *hamster* continua a girar e precisamos de mais tempo para fazer menos.

Vivemos tentando chegar a um lugar onde teremos o controle de tudo.

### "Se me mantiver ocupado, terei tudo sob controle."

Nos mantemos ocupados com intenção de controlar as situações, o que está cada vez mais difícil no mundo atual. As recentes mudanças econômicas e o atual cenário político mostram como tudo está imprevisível e turbulento. À medida que vamos ficando cada vez mais conectados e interdependentes, sentimos os colapsos do sistema de forma que jamais havíamos sentido antes.

Não sabemos o que nos espera em um futuro próximo e como isso afetará nossa demanda de trabalho. Seremos influenciados independentemente do que fizermos, e essa não é uma situação confortável. Tentamos responder com urgência a tudo e trabalhar ainda mais para nos sentirmos mais seguros.

Como seres humanos gostamos de estar no controle, e trabalharemos duro na tentativa de mantê-lo. Buscamos resultados cada vez mais rápidos, olhamos para os lados e percebemos que os outros estão fazendo a mesma coisa, o que aumenta ainda mais nossa sensação de urgência. "Se eu não trabalhar cada vez mais vou ficar para trás e decepcionarei as pessoas." Transformamos nosso trabalho em uma corrida para ver quem tem energia para manter o ritmo por mais tempo.

Concedemos a nós mesmos pouco espaço para fazermos uma pausa e refletir, como nesta história contada por Stephen Covey:[19]

Suponha que você encontre alguém na floresta trabalhando duro para derrubar uma árvore.

"O que está fazendo?", você pergunta.

"Não dá pra ver?", a pessoa responde, impaciente. "Estou serrando esta árvore."

"Você parece exausto! Faz quanto tempo?"

"Mais de cinco horas", ele responde. "É realmente um trabalho pesado."

"Por que você não descansa por 5 minutos e afia o serrote?", você pergunta. "Tenho certeza de que se fizesse isso terminaria muito mais rápido."

"Não tenho tempo para afiar o serrote", diz o homem, enfaticamente. "Estou muito ocupado serrando!"

No trabalho, podemos estar ocupados demais para sermos capazes de perceber que estamos muito ocupados. Ocupados tentando fazer as coisas do jeito certo em vez de fazer as coisas certas. E isso acaba nos custando muito caro.

É preciso sair do modo automático. Precisamos mudar a maneira como lidamos com nossas tarefas.

> Você já encontrou sua prática favorita do Mind Time?
>
> É ótimo iniciar com o que lhe pareça mais fácil e atrativo, mas também é preciso tentar outras práticas para ampliar seu leque de habilidades.

## PIM PARA MUDAR A MENTE EM RELAÇÃO À NECESSIDADE DE ESTARMOS SEMPRE OCUPADOS

Para resolver esse problema de maneira produtiva, podemos utilizar o PIM para nos ajudar a sair do modo automático de precisar se ocupar o tempo todo a fim de fazer escolhas mais conscientes.

O PIM nos ajuda a desenvolver a capacidade de nos darmos conta das suposições que fazemos em relação à necessidade de estarmos sempre ocupados e de como questioná--las. Ao desenvolvermos nossa capacidade de *investigação* e de *metaconsciência*, nos tornamos capazes de enxergar nossos pensamentos apenas pelo que são, pensamentos, em vez de "verdades" absolutas. Aumentando, assim, as oportunidades para questionarmos nossos pensamentos à medida que eles vão surgindo, parando por um instante e dizendo, por exemplo: "Espere aí – é mesmo verdade que estou produzindo mais ao pular de uma tarefa para outra? É mesmo verdade que terei uma vida significativa e bem-sucedida se eu estiver sempre ocupado?". Permitir então garante que não engendremos pensamentos autocríticos e autodestrutivos como – "Não seja fraco – é claro que devo me manter sempre ocupado!", ou "Eu não sou capaz de lidar com tanta pressão. Por que não sou tão bom quanto...?".

Às vezes, é gratificante e recompensador estar ocupado. Muitos gostariam de estar assim, ou pelo menos de serem desafiados profissionalmente com mais frequência. (Robert, cuja história contamos no início deste capítulo, se sente assim). À medida que nos tornamos mais conscientes, começamos a entender como e por que nos sentimos dessa forma e podemos começar a fazer escolhas mais apropriadas.

Mas o PIM também nos ajuda a perceber, desde cedo, os sinais de que o fato de estarmos sempre ocupados está prejudicando nossa saúde física e mental. Começamos a notar pensamentos desagradáveis e dores físicas em vez de encobri-los, podemos fazer uma pausa por algum tempo a fim de nos revigorarmos. Falaremos mais sobre isso no Capítulo 7, que aborda o equilíbrio entre a vida profissional e vida pessoal.

Por último, com as práticas do PIM, podemos decidir nos concentrar em apenas uma tarefa por vez, em vez de tentar resolver várias coisas ao mesmo tempo sem a menor produtividade. Notamos quando nossa atenção se dispersa de uma tarefa e nos tornamos capazes de retomar o foco.

Vejamos agora a segunda área onde podemos ficar presos às reações automáticas – mudanças.

## TUDO MUDA!

Heráclito, um antigo filósofo grego, escreveu no século VI a.C. que "a mudança é a única constante da vida". A adaptação sempre foi um ingrediente crítico para o sucesso pessoal e empresarial. Há uma percepção geral de que o ritmo das mudanças está cada vez mais rápido, e estamos chegando à velocidade máxima.[20]

Pode ser que você esteja precisando fazer as coisas de um novo jeito no seu trabalho, ou fazê-las com mais frequência e maior rapidez. Algumas dessas mudanças podem ser simples –

uma nova maneira de cobrar os clientes, de registrar as horas de trabalho ou de acessar e compartilhar informações na intranet. Algumas, no entanto, podem ser mais significativas – mudar de cargo na reestruturação do departamento ou, devido a uma promoção, ter que aprender a usar uma tecnologia totalmente nova. Tal como Linda, você pode estar lidando com mais de uma mudança em um ambiente extremamente volátil – antes mesmo de uma mudança ser concluída, outra começa a surgir.

No Capítulo 8 vamos explorar com mais detalhes os impactos de mudanças e eventos inesperados. Por enquanto, apresentaremos aqui um modelo bastante útil chamado As Quatro Salas da Mudança. Desenvolvido pelo psicólogo sueco Claes Janssen, essa matriz revela nosso sistema automático de reação às mudanças no trabalho. Se utilizado paralelamente ao PIM, ajudará você a compreender melhor suas experiências e talvez a fazer escolhas mais compassivas na forma de tratar a nós mesmos e aos outros no trabalho.[21]

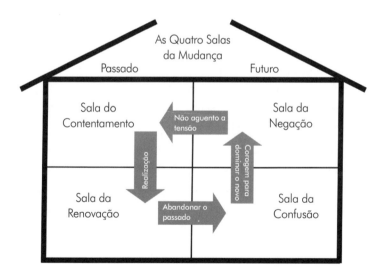

Podemos começar em qualquer sala, mas digamos que estamos na Sala do Contentamento.

Nos sentimos relativamente à vontade com nosso trabalho e, tendo trabalhado excessivamente, é natural que aproveitemos a chance de tirar o pé do acelerador. Nos sentimos satisfeitos e no controle, mas então algo acontece – uma inovação – mais mudanças estão por vir; um alçapão se abre e caímos na Sala da Negação. Nós resistimos, lutamos contra – "Não pode ser assim, as coisas iam tão bem!". Talvez se abaixarmos nossa cabeça e não olharmos, tudo irá passar...

Acabamos, por fim, reconhecendo que a velha forma de fazer as coisas se foi para sempre e que a mudança é inevitável. Entramos na Sala da Confusão, ainda sem entender completamente os novos processos. Depois de algum tempo, porém, passamos para a Sala da Renovação, onde passamos a dominar os novos processos, recuperamos a motivação e nos sentimos positivos e animados de novo. Mas acabamos percebendo que não somos capazes de manter essa energia e ritmo durante muito tempo e, quando nos permitimos relaxar, voltamos para a Sala do Contentamento. E o ciclo continua.

Como mencionado anteriormente é improvável que passemos apenas por uma mudança de cada vez. Assim, podemos nos encontrar em salas diferentes e em estágios diferentes relacionados a mudanças diferentes. Mas a experiência emocional de mudança continuará se renovando – contentamento, negação, confusão e renovação.

Podemos nos deixar levar por essas emoções, permitindo que nosso bem-estar dependa de circunstâncias externas, ou, por meio da prática do PIM, podemos criar novas formas de reagir a elas.

# O PIM PARA MODIFICAR NOSSA MENTE EM RELAÇÃO ÀS MUDANÇAS

O mundo está mudando cada vez mais rápido, e é inevitável que todos sejamos afetados no ambiente de trabalho pelas mudanças na tecnologia, nas expectativas e na forma como fazemos as coisas. Não somos capazes de influenciar muito essas mudanças, mas podemos influenciar nossa resposta a elas. Vejamos como PIM pode nos ajudar nisso.

Em primeiro lugar, não ajuda nada no processo de transição ficar julgando nós mesmos ou quem está à nossa volta. Particularmente, nas salas da Negação e da Confusão, é comum nos sentirmos frustrados conosco, com os outros ou com a situação – ou com todas as alternativas anteriores! – e desejarmos que as coisas fossem diferentes. Ter aceitação, compaixão e um pouco de bom humor nos ajuda em momentos de incertezas. A atitude fundamental aqui é justamente aquela que praticamos de maneira incessante durante o Mind Time, para que quando precisarmos mais dela sejamos capazes de acessá-la naturalmente e com facilidade.

Em segundo lugar, *investigar* nossa experiência momentânea nos possibilita identificar em qual das Salas da Mudança estamos no momento. Temos dessa forma mais perspectiva e compreensão acerca da situação e somos capazes de sair do ciclo de contentamento, negação e ansiedade. Por meio da *metaconsciência* podemos observar os pensamentos, sentimentos, sensações e impulsos. Ao fazermos isso, paramos de reagir de forma automática e podemos escolher respostas mais adequadas.

Nossas reações às mudanças no trabalho estão muitas vezes ligadas às nossas experiências anteriores. Isso significa que tendemos a apresentar reações automáticas positivas em relação à mudança, ou resignação ou medo. Um exercício pode ser feito paralelamente ao PIM para investigar nossas suposições. Veja a seguir.

## QUAIS SÃO AS MINHAS SUPOSIÇÕES SOBRE MUDANÇAS?

Faça uma pausa e observe as fotos abaixo. Se você tivesse que escolher uma que retrate suas reações a mudanças no local de trabalho, qual você escolheria?

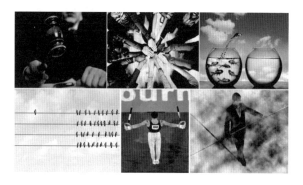

Agora, responda às perguntas abaixo:

- Por que você escolheu essa foto? O que ela diz sobre suas suposições, expectativas e experiências sobre as mudanças?
- Considerando sua resposta à questão anterior, como isso afeta a forma como você aborda as mudanças atualmente?
- Em geral, que pensamentos e emoções você associa às mudanças? Entusiasmo? Cansaço? Medo? Oportunidade? Se sua resposta for "depende", depende do quê?

- O que permite que você aborde mudanças de maneira produtiva?

A *metaconsciência* de nossos pensamentos, sentimentos, sensações e impulsos nos dá pistas sobre onde estamos na matriz das Quatro Salas da Mudança. Percebemos o que é preciso para percorrermos as salas e chegar até a Sala da Renovação. A *metaconsciência* nos oferece a possibilidade de parar por um momento e cuidar de nós mesmos caso notemos que a mudança está cobrando um preço alto demais.

As qualidades de Permitir, Investigar e Metaconsciência desenvolvidas com a prática do Mind Time são fundamentais para adotarmos uma postura aberta e receptiva em lugar de uma postura retraída. Nos possibilita identificar nossos pensamentos antes de desejarmos que as coisas fossem diferentes ou de culparmos os outros, que não vão mudar simplesmente porque queremos. Exercer as qualidades de Permitir, Investigar e Metaconsciência nos dá um pequeno espaço onde podemos enxergar a situação a partir de uma nova perspectiva e nos tornarmos mais curiosos sobre nossa experiência momentânea.

Vamos examinar, finalmente, a última das reações automáticas que podem exaurir nossa energia no trabalho – manter as aparências.

## MANTENDO AS APARÊNCIAS

Em todos os locais de trabalho, há o que chamamos de "regras do jogo". A maneira como as coisas são e como devem ser feitas. Essas regras geralmente não são explícitas – nós as assimilamos do ambiente. Podem ser úteis e construtivas, ou podem nos pressionar e serem estressantes.

No caso da Linda, que descrevemos no início deste capítulo, ela sentiu que não poderia demonstrar que estava exausta, porque ela não "deveria" demonstrar isso. Para ser bem-sucedida, na sua concepção, ela deveria ser confiante e eficiente. Certa ou errada, essa era a mensagem implícita que Linda assimilou no trabalho.

O problema é que Linda não confiava em si mesma e estava exausta. Ela decidiu criar uma "fachada" e viver de aparência – interpretando um papel digno de ganhadora do Oscar, se esforçou para atender às expectativas dos outros. Nas palavras do filósofo Martin Buber, ela estava usando seu tempo para "parecer" em vez de "ser" ela mesma, na tentativa de ser aceita.[22]

Robert também estava tentando manter as aparências de que estava totalmente comprometido com o trabalho para ter certeza de que ainda era respeitado e visto como um funcionário promissor.

Fingir comprometimento e fingir ter confiança são duas das falsas aparências mais comuns no trabalho. Mantê-las demanda muita energia e pode nos causar ansiedade e estresse. Nossas suposições automáticas sobre a forma como precisamos parecer para os outros são tão arraigadas que, na maior parte do tempo, nem sabemos que estamos atuando.

## Fingir estar comprometido

Dia após dia muitos de nós executamos as mesmas tarefas, mas as pessoas para quem trabalhamos não querem saber se estamos entediados: esperam sempre de nós um sorriso entusiasmado. Mas uma pesquisa da Gallup apontou que 70% dos funcionários não estão de fato comprometidos com seu trabalho.[23]

Uma razão para nos sentirmos desinteressados é nossa relação com as pessoas que detêm o poder no local de trabalho. Um gerente, um colega, um fornecedor ou um cliente importante podem influenciar muito nossa motivação, e é preciso encarar o fato de que muitos de nós não temos a opção de simplesmente eliminá-los de nossa vida. Mas como eles são com frequência responsáveis por nossos salários, nossas promoções, tarefas ou novas oportunidades, podemos nos sentir compelidos a parecer entusiasmados e comprometidos, mesmo que, às vezes, possam ser intolerantes, distantes ou indiferentes.

Outra razão para o desinteresse é o tédio – um estado de espírito que pode ser prejudicial à saúde se persistir por algum tempo. Alguns estão entediados porque anseiam por constante estímulo e mudança. Alguns, como Robert, estão entediados porque recuam frente a novos desafios. Temem resultados negativos e se mantêm em empregos chatos e maçantes. Outros podem achar que se encontram em situações onde não há possibilidades para o surgimento de oportunidades para um trabalho mais estimulante.

Seja qual for o motivo, o tédio custa caro – ele está associado ao abuso de álcool, de comida, ao tabagismo e até mesmo à morte prematura.[24] Se nos sentimos presos, incapazes de mudar a situação no trabalho, mas com medo de perder o emprego, vamos acabar desperdiçando muita energia para montar um espetáculo para fingir que estamos ocupados, mesmo se estivermos morrendo de tédio.

Pode parecer muito arriscado deixar a máscara cair e admitir estar entediado. Robert achava que o resultado seria catastrófico, achava que perderia o emprego se deixasse transparecer que estava entediado – ou que receberia uma nova função que tiraria sua tão valorizada flexibilidade.

## Fingir estar confiante

Você alguma vez pensou não ser merecedor do seu sucesso? Que talvez não seja tão bom na sua profissão quanto os outros pensam que você é e que a qualquer minuto você será visto como uma fraude? Que seu sucesso é resultado do acaso, da sorte ou do trabalho dos outros?

Esse tipo de "voz interior" é bastante comum. O termo utilizado é "fenômeno do impostor".[25] Está muitas vezes associado à criação de enormes expectativas em relação a nós mesmos, para que sejamos perfeitos. Na tentativa de provarmos que somos capazes e não impostores, acabamos obtendo bons resultados, que servem apenas para fortalecer essa crença. Colocamos metas mais altas e nos pressionamos ainda mais para corresponder às expectativas dos outros.

Um elemento do fenômeno do impostor é perfeitamente natural e garante que ainda somos capazes de ser humildes – não há nada de errado em ter modéstia. Nunca duvidar de nós mesmos e viver com grande senso de poder tecnicamente faria de nós psicopatas (e, de fato, esse termo talvez se aplica a algo entre 3 a 20% dos líderes empresariais, dependendo do estudo analisado).[26,27,28] Mas quando o fenômeno do impostor está por trás de uma insegurança crônica que tentamos esconder pode ser muito prejudicial e causar ansiedade.

Nem mesmo Sheryl Sandberg, chefe de operações do Facebook, primeiro lugar na lista da *Forbes* das mulheres mais poderosas no ramo da tecnologia e com ganhos anuais superiores a US\$ 1 bilhão, está imune a isso. Ela admitiu publicamente se sentir uma impostora, apesar das evidências sugerirem o contrário: "Há dias em que acordo me sentindo como uma fraude, não tenho certeza se deveria estar onde eu estou", afirmou.[29]

Linda também sentiu que poderia a qualquer momento ser desmascarada e vista como uma fraude. Ela achou que precisaria parecer confiante o tempo todo, mas não se sentia assim. Linda gastava muita energia tentando manter uma falsa aparência.

Se você está tentando manter uma aparência confiante ou de comprometimento – ou qualquer outra que seja – o PIM

– Permitir, Investigar e Metaconsciência – pode ajudar você a reavaliar as situações, a reduzir a ansiedade e a escolher as respostas mais produtivas.

## PIM PARA MUDAR SUA MENTE EM RELAÇÃO A MANTER FALSAS APARÊNCIAS

Você pode usar o PIM para lidar de forma mais produtiva com a necessidade de ser visto de uma certa maneira:

- Permitir nos ajuda a ser gentis conosco e com os outros. Nos martirizarmos pela falta de confiança, por exemplo, não vai melhorar a situação.
- Investigar nos ajuda a entender como as "regras do jogo", as "falsas aparências" e o "fenômeno do impostor" podem nos afetar. Em vez de ignorar estes fatores, aprendemos a ter curiosidade em relação a essas condições.
- Metaconsciência ajuda a observar como estamos pensando, sentindo e agindo em relação à necessidade de termos um bom desempenho no momento em que estes pensamentos, sentimentos e ações se manifestam – perceber onde temos escolhas para fazer algo diferente em vez de nos deixarmos agir no piloto automático.

Com estas ferramentas, o PIM nos ajuda a entrar em sintonia com nossa voz interior, que pode estar nos pressionando a manter as aparências.

## A VOZ INTERIOR NA NOSSA CABEÇA

Como você completaria as frases abaixo? Observe seu pensamento e perceba o que sente ao realizar este exercício.

Para ser reconhecido como uma pessoa bem-sucedida no trabalho, eu devo ser...
Eu não posso sentir e nem pensar as seguintes coisas:...
Quero que os outros me vejam como uma pessoa...
Eu, sob nenhuma circunstância, quero que as pessoas me vejam como...
O que as pessoas no trabalho não sabem sobre mim é que me sinto...
O que as pessoas no trabalho não sabem sobre mim é que eu me acho...
Normalmente, quando enfrento um novo desafio, eu penso comigo mesmo que...

A voz interior na nossa cabeça influencia diretamente na maneira como agimos no trabalho e na vida particular. Essa voz pode ser nossa amiga, uma companheira que nos aconselha a sermos gentis conosco mesmos, ou pode ser uma voz interior negativa, que enxerga mais ameaças do que oportunidades, que enfraquece nossa autoconfiança, aponta nossas falhas e critica qualquer tentativa de fazermos coisas novas.

Quando percebemos a voz apenas como uma voz e não como "a verdade", passamos a ter oportunidade de escolha.

Podemos escolher ouvi-la, reagir a ela, responder de outras formas e sermos mais gentis e compassivos conosco.

Se essa voz nos lembra com frequência que estamos entediados no trabalho, podemos aceitar isso como verdade e como algo inevitável, ou podemos ouvi-la como um estímulo para *investigar* a situação e deixar as coisas mais interessantes. O tédio pode ser algo pelo qual sucumbimos, que nos deprime e derruba, ou pode se tornar um condutor que auxilia na busca de novos desafios.

Quando, utilizando o PIM, ouvimos a voz interior negativa falando sobre a última vez que fizemos bobagem e que por isso não devemos tentar de novo, podemos fazer uma pausa e escolher nos recordar de uma outra oportunidade em que fomos bem-sucedidos. Sabemos que as pessoas quase nunca se arrependem quando assumem novos desafios que no início pareciam assustadores – geralmente se arrependem de não tê-los encarado. Precisamos lembrar a nós mesmos que temos força e capacidade para seguir em frente.

A prática do PIM nos torna capazes de perceber prontamente essa voz interior. Podemos encorajar e amplificar a voz amiga e compassiva para que possamos ouvi-la com mais frequência. Podemos deixá-la mais alta do que a voz negativa, que nos pressiona e causa ansiedade.

Ficamos assim em uma situação em que podemos escolher melhor nossas ações.

> Você se sente frustrado pela forma como sua mente divaga durante o Mind Time?
>
> Lembre-se – é isso que a mente faz. Somos assim. Sempre que você percebe que sua mente divagou, aí está um momento de *metaconsciência*. Se você viver muitos momentos assim estará desenvolvendo sua *metaconsciência*, e isso é excelente!

Há muito a ser feito para melhorarmos nossa eficácia no trabalho. Este capítulo explorou três situações bastante comuns que esgotam desnecessariamente nossa energia por estarmos no piloto automático – a necessidade de estar ocupado, as reações às mudanças e a preocupação em manter as aparências. Podemos nunca conseguir eliminar por completo todas elas, mas podemos utilizar o PIM para escolher diferentes cursos de ação, o que nos permite prosperar – e não apenas sobreviver – no trabalho.

# PRINCIPAIS PONTOS DO CAPÍTULO 5

- Existem três reações automáticas comuns no trabalho que esgotam nossa força e nos distraem, mas cujos prejuízos podem ser minimizados com o PIM: a necessidade de estar sempre ocupado, lutar contra mudanças que não temos poder de influenciar e tentarmos manter as aparências para agradar aos outros.
- O PIM nos ajuda a identificar e questionar nossas suposições sobre a necessidade de estarmos ocupados. Nos ajuda a detectar quando isso é saudável e quando está nos causando doenças físicas e psicológicas. O PIM nos ajuda a priorizar e focar nas tarefas de maneira mais eficiente.
- O PIM nos ajuda a perceber e aceitar que nossa relutância às mudanças no trabalho pode ser emocional – vivenciamos um ciclo infinito de contentamento, negação, confusão e renovação. O PIM permite que identifiquemos nossas reações automáticas e que escolhamos respostas mais apropriadas, se isso for necessário.
- Muitos de nós criamos uma fachada para corresponder às expectativas no trabalho que nos leva a aparentarmos o tempo todo confiança, entusiasmo e competência. Por trás dessa fachada, no entanto, muitos estão entediados e/ou sentindo-se como impostores. O PIM nos ajuda a sintonizar melhor a voz interior que impulsiona esses sentimentos. Podemos desenvolver uma voz mais gentil e compassiva conosco e com os outros – uma voz que nos encoraje a aprender e experimentar as coisas em níveis mais profundos.

Capítulo 6

# PIM para Melhorar a Saúde

## FIQUE ATIVO

Hipócrates, o Pai da Medicina Moderna, foi a primeira pessoa a reconhecer que as doenças eram provenientes de causas naturais – e não atos dos deuses –, compreendendo o poder natural de recuperação do corpo. "Se pudéssemos dar a cada indivíduo a quantidade certa de nutrição e exercício físico, teríamos encontrado o caminho mais seguro para a saúde", afirmou ele.

Isso parece óbvio. Porém, passados mais de 2 mil anos desde que Hipócrates fez essa afirmação, não estamos seguindo seus conselhos. Muito pelo contrário.

No que se refere à prática de exercícios, o sedentarismo, na realidade, cresceu, tornando-se a quarta maior causa de mortes no mundo.[1] Isso se deve em parte à relação direta entre o sedentarismo e o desenvolvimento de doenças cardíacas, diabetes do tipo 2, obesidade, depressão, demência e câncer.[2]

Sabemos que devemos nos manter ativos, e muitas pessoas sentem-se mal por estarem sedentárias. Nos sentimos culpados e frustrados, e para conseguir lidar com esses sentimentos buscamos nos "presentear" com mais inatividade. Lançamo-nos no sofá com guloseimas e refrigerantes, procurando por conforto e descanso. Mas isso não funciona, não nos deixa mais saudáveis ou felizes.

Como mudar esse quadro? Não ajuda nos martirizarmos e dizermos a nós mesmos que deveríamos ser mais ativos e praticar exercícios físicos, e todos nós já fizemos isso em algum momento. Para começar, precisamos de uma atividade da qual realmente gostemos.

A ciência (assim como nossa própria experiência) nos diz que, quanto mais atentos e focados estivermos, mais propensos ficaremos a gostar de uma atividade. Pesquisadores holandeses analisaram 400 pessoas durante suas atividades físicas.[3] Eles descobriram que as pessoas mais focadas estavam mais ativas e satisfeitas durante a prática; concluíram que isso acontecia simplesmente porque apreciavam o que estavam fazendo!

Quando você está focado, passa a notar mais suas emoções positivas.[4,5] Quanto mais consciente você está dessas emoções positivas, mais satisfeito você fica. Quanto mais satisfação você obtém ao fazer alguma atividade física, maior a chance de você continuar a praticá-la.[6] Isso explica por que, em um outro estudo, pesquisadores descobriram que a meditação Mindfulness ajuda pessoas a permanecerem ativas.[7]

Então, se você está sedentário e quer melhorar suas chances de viver uma vida longa, feliz e saudável, inicie agora alguma atividade e use as habilidades que você está adquirindo por meio do Mind Time para ajudá-lo a aproveitar mais essa atividade. Caso esteja há algum tempo parado, precisa começar aos poucos. Busque a atividade que mais lhe agrade, pois isso vai ajudá-lo a não desistir.

A pesquisa sugere que precisamos de cerca de 150 minutos de atividades moderadas por semana, além de exercícios de musculação que trabalhem todos os principais grupos musculares ao menos duas vezes por semana.[8] Atividade moderada é qualquer atividade que aumente sua frequência cardíaca e faça que você se sinta aquecido e respire mais rápido. Você sabe se a atividade está em um nível moderado caso ainda seja capaz de falar durante o exercício, mas não consegue cantar uma música.

O que você acha disso?

Você pensa: "O quê? Como vou encaixar isso na minha rotina, se você já está me dizendo para meditar todos os dias?".

Ou talvez esteja pensando: "Isso não é nada, eu nunca teria conseguido correr uma maratona no ano passado se fizesse só isso de atividade física".

Ou será que você está em algum lugar entre essas duas possibilidades?

Seja lá onde estiver, utilize o PIM. Se *permita* sentir o que você está sentindo. *Investigue* o que está acontecendo — que padrões mentais estão conduzindo seu pensamento? E use a *metaconsciência* para perceber em um nível mais profundo suas reações, sejam elas quais forem.

E se quiser permanecer fisicamente ativo, você pode utilizar o PIM para ajudar você a gostar de uma atividade física.

---

Você se sente sonolento durante o Mind Time?

Se a resposta for sim, você com certeza não é o único.

Experimente uma postura diferente – ou um horário diferente.

---

Eu (Michael) moro em Cambridge e costumo ir uma vez na semana a Londres. Em geral vou de trem, e a viagem dura cerca de 50 minutos. O trajeto de ônibus ou táxi da minha casa até a estação de trem pelas ruas congestionadas de Cambridge dura 25 minutos, o que é só um pouco mais rápido do que fazer o trajeto caminhando. Assim, a menos que eu esteja levando malas, costumo ir a pé. Eu não apenas economizo algum dinheiro, como ajudo a reduzir as emissões de carbono e me exercito. Mais que isso – nos dias que vou caminhando, desde que não esteja chovendo, em geral chego à estação me sentindo muito melhor do que quando vou com algum veículo motorizado. Andar me conecta mais profundamente comigo mesmo e com o mundo ao meu redor.

Tente criar situações como essa no seu dia a dia.

Primeiro, e talvez o mais importante, há a questão da atitude e da intenção. Eu saio para minha caminhada de 25 minutos com a intenção definida de usar esse tempo para me exercitar e melhorar minha consciência do momento presente.

Isso significa não ouvir música ou qualquer outra coisa no fone de ouvido e manter meu *smartphone* no bolso durante toda a caminhada. Se saio de casa tendo acabado de enviar um e-mail importante para um cliente e quero saber se ele me respondeu, me esforço para perceber essa "coceira mental" de pegar o telefone, sinto o impulso de pegá-lo, mas decido não fazê-lo. Seja lá qual for o apelo, o que quer que o *smartphone* "sussurre" no meu ouvido mental, não há nada que não possa esperar 25 minutos!

Então, saio com a intenção de aproveitar a caminhada. É uma oportunidade de colocar de lado as dificuldades diárias, ou pelo menos observá-las sob uma perspectiva mais ampla. Uma chance de me envolver com o fluxo da vida além das minhas preocupações diárias. Usando o conceito da *investigação* do PIM, percebo a diferença da luz do sol na passagem das estações do ano. Também gosto de cumprimentar meus vizinhos e de observar os gatos da vizinhança demarcando seus territórios.

Mas é uma caminhada para me exercitar, com passos rápidos, e logo começo a notar algumas mudanças no meu corpo. Aqui, a parte da *metaconsciência* do PIM me faz perceber que minha frequência cardíaca subiu. Começo a controlar minha respiração e, às vezes, percebo que fazer isso me agrada. O fato de estar respirando um pouco mais conscientemente me ajuda a verificar meu estado emocional. Eu examino meu corpo procurando por alguma tensão. Se percebo que estou tenso, posso respirar, inspirar e relaxar, ver se a tensão se dissolve, se ela passa; ou eu posso *investigar* — "O que é essa tensão? O que está me incomodando nesse momento?", Caminhar me ajuda a tornar mais claro o que está acontecendo comigo; me ajuda a ficar mais presente, concentrado e em melhor forma física.

Eu também uso a caminhada como uma forma de me preparar mentalmente para o que quer que eu vá fazer em Londres. Atenção, isso não significa que eu planejo o que vou dizer e fazer ou que fico pensando sobre minhas tarefas e responsabilidades. Pelo contrário, trata-se de entrar no estado de espírito correto para o que está por vir — trata-se de estar mais ligado à dimensão do conceito de *permitir* do PIM, especialmente o aspecto da compaixão. Então, às vezes penso nas pessoas que eu vou encontrar, dedico sentimentos calorosos e de boa vontade para com eles, exatamente como na prática da Bondade Amorosa discutida no Capítulo 3 (ver p. 81-82). Coloco-me em um estado de espírito otimista com relação ao que está acontecendo. Imagino que estou no final de um evento bem-sucedido e aproveito os sentimentos que essa situação me traz.

Mas essa preparação para o trabalho é apenas uma pequena parte da caminhada de 25 minutos. Quando começo a fugir da intenção preestabelecida, retorno minha atenção conscientemente para a experiência do momento presente. Faço isso quantas vezes forem necessárias ao longo da caminhada.

A maneira como uso minha atenção na caminhada tem algumas semelhanças com a maneira que sugerimos para que você use sua atenção na prática "O Momento Presente" de conscientização, que disponibilizamos para *download*. Em vez de dirigi-la a algum foco específico, minha principal intenção é apenas estar presente com o que quer que surja no campo da minha experiência do momento presente e sempre voltar para este foco, não importa quantas vezes minha mente me leve para longe.

A sensação dos meus pés pisando na calçada, a sensação de calor ou do frio no ar, as cores das portas das casas, a sensação de amor mútuo entre uma mãe e seu filho, a gritaria das crianças passando de bicicleta. Perceber algumas dessas situações no momento presente aumenta meu prazer durante a caminhada.

É importante que esses pequenos momentos de diversão sejam percebidos como pequenos. Nós não precisamos esperar grandes momentos, são micromomentos de positividade que nossos receptores de Teflon deixam facilmente que escorreguem para longe da percepção. Mas quando cultivamos o hábito de percebê-los e saboreá-los, eles começam a ganhar forma, e uma simples caminhada até a estação de trem pode se tornar algo bastante agradável.

É claro que quando estamos envolvidos em uma atividade simples como caminhar não mantemos nossa atenção apenas em experiências do mundo exterior. Podem surgir pensamentos, sentimentos, memórias, várias formas de atividade mental. Quando isso acontece, podemos tratar os pensamentos ou as memórias da mesma forma como fazemos com qualquer outra experiência durante a caminhada. São apenas experiências para observarmos e deixarmos passar. A *metaconsciência* do PIM é muito útil aqui.

Se você tem praticado o Mind Time (esperamos que sim), você já sabe a diferença entre "perceber" um pensamento e "pensar" um pensamento. O ato de perceber, de testemunhar pensamentos e sentimentos sem a necessidade de envolvimento com eles é uma das principais habilidades que nos capacita a permanecer no presente durante qualquer atividade. Se nos perdermos em pensamentos não estaremos mais presentes, estaremos apenas andando e pensando. E embora ficar pensando possa parecer útil e até mesmo produtivo em alguns momentos, não é tão divertido e atrapalha nossa capacidade de utilizar o PIM.

Colhemos três benefícios ao conseguirmos desenvolver a prática de uma atividade física no nosso dia a dia:

1. Nos tornamos mais ativos e saudáveis.
2. Transformamos algo como uma simples caminhada em uma prática do Mind Time, e obtemos os benefícios dessa prática.
3. Apreciamos mais a vida.

É possível encontrar algo que não seja bom nisso? O PIM vai melhorar sua saúde física e mental.

Até agora nos focamos na mudança da inatividade para uma atividade moderada – e em como trazer o PIM para dentro desse processo. Mas alguns de nós querem mais do que isso. Talvez você já seja uma pessoa moderadamente ativa, ou mesmo bastante ativa. Como então utilizar o PIM para levá-lo ainda mais longe?

Steve, o marido de Megan, costuma fazer natação para manter a forma. Geralmente, ele sente prazer com essa atividade, mas às vezes fica cansativo demais. Faz algum tempo que Steve começou a se questionar se não estava se esforçando demais, quando começou a sentir um incômodo no braço e algumas dores. Ele então decidiu prestar mais atenção durante a prática da natação. Passou a utilizar o PIM tanto para melhorar sua técnica como para aumentar sua satisfação ao nadar, e notou que ambos estavam diretamente relacionados.

Desse modo, ao utilizar o PIM, Steve começou a prestar atenção a suas reações enquanto nadava – percebeu como se irritava quando estava nadando mal e passou a investigar sua experiência do momento presente. Assim, ficava por alguns metros concentrado na sensação da água passando por suas mãos durante uma braçada, depois mudava sua atenção para o balanço causado pelo movimento do corpo durante a respiração do nado *crawl*. Ele melhorou sua técnica de natação – Steve agora ficava interessado e curioso ao nadar.

Ele notou que, ao manter total atenção no que estava fazendo, na técnica dos movimentos, seu nado ficou mais natural e solto. Ele se divertiu mais e, curiosamente, passou a nadar mais rápido.

# DORMIR

Quando ensinamos as práticas discutidas neste livro, há um problema que as pessoas abordam com frequência: "Assim que fecho os olhos, começo a me sentir sonolento".

Pode haver muitas razões para que isso ocorra, mas em geral é devido à falta de sono – a maioria de nós atualmente não dorme o suficiente.

Dobrar turnos no trabalho, a necessidade de trabalhar em diferentes fusos horários e viagens internacionais são razões comuns para perda da qualidade do sono.[9] Outros empecilhos para conseguirmos uma boa noite de sono são o uso de iluminação artificial e de *smartphones* à noite, a pressão cada vez maior para se destacar no trabalho (e para ser visto como destaque na sua profissão) e o aumento da jornada de trabalho.[10]

Um estudo realizado pela American Academy of Sleep Science [Academia Americana de Ciência do Sono] apontou que o número mínimo de horas de sono necessárias para um adulto é de 7 horas (eles recomendam entre 7 e 9 horas de sono por noite).[11]

Nossa colega de trabalho na Ashridge House, Vicki Culpin, passou os últimos dez anos pesquisando a relação entre o sono e o trabalho.[12] O que ela descobriu é importante para todos. Segundo Vicki, os executivos pesquisados dormiam em média apenas 6 horas e 28 minutos por noite. Essa falta de sono afetava diretamente a saúde, a vida social e a vida profissional desses profissionais – a privação do sono é ainda mais prejudicial no caso de tarefas que exigem atenção. A capacidade para tomar decisões e processar informações, a criatividade, a adaptabilidade, o aprendizado e o controle das emoções são exemplos de habilidades afetadas pela falta de sono.

Os participantes do estudo conduzido por Vicki relataram que quando não dormiam o suficiente:

- tinham dificuldade para manter o foco;
- demoravam mais para concluir tarefas;
- achavam mais difícil trabalhar com colegas de trabalho com os quais tinham um relacionamento particularmente complicado;
- não conseguiam elaborar ideias criativas;
- eram menos capazes de lidar com demandas que envolviam competitividade;
- sentiam dificuldades maiores para travar conversas desafiadoras;
- eram menos eficazes para formar novas opiniões; e
- concluíam as tarefas com um padrão de qualidade inferior ao usual.

Acima de tudo, eles enfrentavam grandes dificuldades nas relações interpessoais quando não dormiam o suficiente. As pessoas que dormem pouco geralmente se afastam do convívio social e isso afeta também seus clientes, suas equipes e a organização como um todo.

Quando não dormimos o suficiente, ficamos apáticos, o que diminui nosso tempo de reação e prejudica a visão. Isso é perigoso principalmente para motoristas, cirurgiões ou qualquer outra profissão que requeira reações rápidas. Mas qualquer que seja a função que desempenhemos, a falta de sono reduz a quantidade de energia disponível. A insônia aumenta os níveis de estresse e causa ansiedade.

Vicki e sua equipe estudaram o impacto da falta de sono no trabalho, mas é preciso também levar em consideração seus impactos fora do ambiente profissional. A falta de sono atrapalha a vida pessoal e familiar tanto quanto a vida profissional.

O que podemos fazer para melhorar a qualidade do sono?

Primeiro, é importante prestar atenção aos hábitos básicos do sono. O Serviço Nacional de Saúde do Reino Unido lista 10 dicas para melhorar o sono:[13]

1. Tente estabelecer horários regulares para dormir.
2. Preste atenção ao ambiente onde você dorme.
3. Verifique se sua cama é confortável.
4. Faça exercícios regularmente.
5. Reduza a cafeína.
6. Não exagere na comida nem no álcool.
7. Não fume.
8. Tire algum tempo para relaxar antes de ir para a cama.
9. Afaste-se de todas as telas de LED pelo menos 60 minutos antes de se deitar para dormir.
10. Se você não conseguir dormir, levante-se.

Caso a insônia seja crônica e afete sua vida cotidiana, marque uma consulta com seu médico.

Todas as opções acima são bons conselhos, e além deles você tem os benefícios das práticas do Mind Time que ensinamos. Algumas pessoas com quem trabalhamos nos disseram que um dos maiores impactos das práticas é na melhoria da qualidade do sono, e nossos estudos confirmam essa informação.[14]

Então, se você está adormecendo durante o Mind Time, recomendamos que tente fazer o que foi sugerido acima. Mas há algo mais que podemos lhe oferecer.

Durante as aulas do Mind Time, os alunos nos dizem que adormecer durante a prática não é como estar totalmente acordado e logo no momento seguinte estar completamente adormecido. A maioria das pessoas relata passar por uma espécie de "estado intermediário" – não exatamente acordadas, mas também não completamente adormecidas.

Os cientistas e psicólogos do sono chamam isso de "estado hipnagógico". O nome provém da união da palavra grega *hupnos* (sono) com a palavra *agogôs* (induzido). O interessante é que esse estado é justamente aquele em que as pessoas entram às vezes quando estão prestes a adormecer durante o Mind Time e de repente despertam novamente – a cabeça balança para a frente e para trás, cai para o lado e as pessoas acordam e levantam a cabeça de novo.

Existem duas coisas maravilhosas e muito valiosas sobre o estado intermediário.[15]

A primeira delas é descobrir a complexidade e a profundidade da mente. À medida que entramos nesse estado intermediário, as imagens começam a surgir na mente consciente como se fossem sonhos. *Investigar* com algum grau de consciência pode nos dar a dimensão da profundidade e complexidade da mente. Artistas como Salvador Dalí e pensadores criativos como o inventor Thomas Edison usavam o estado intermediário de maneira consciente para gerar ideias e imagens.[16] A segunda é que podemos utilizar o PIM para nos familiarizarmos com nossa experiência do estado intermediário – *permitir* que seja como ela é; *investigar*, estar interessado e curioso nas mudança das imagens e experiências que surjam; e *metaconscientes* das mudanças de padrão da mente – podemos também usar essa familiaridade para nos ajudar a pegar no sono quando precisarmos. Com tempo e prática podemos nos induzir a entrar nesse estado com mais facilidade. E, por ser esta a porta de entrada para o estado de sonolência, ela também pode nos ajudar a adormecer mais facilmente.

Quando o sono não vem, é fácil entrarmos em uma espiral autodestrutiva de ansiedade. "Ah, não! São 4 horas da manhã e eu ainda não dormi! Estarei muito cansado amanhã – tenho tanta coisa para resolver!"

Com o PIM, podemos notar facilmente esses pensamentos e sensações de ansiedade como *apenas* pensamentos e sentimentos de ansiedade. Percebendo que eles não ajudam nesse tipo de situação, talvez você consiga colocá-los de lado por algum tempo.

Ou talvez possamos fazer algo ainda mais útil. *Permitindo* que a situação seja como é, usando a *metaconsciência* para ver o que está acontecendo com os pensamentos e sentimentos que estão nos mantendo acordados, podemos de maneira deliberada tentar mover nossa atenção para o corpo. Ao nos afastarmos dos pensamentos e sentimentos de ansiedade que nos afligem durante a madrugada, podemos começar a explorar as sensações corporais com gentileza e curiosidade. Não é possível sermos curiosos e ansiosos ao mesmo tempo, e não estaremos pensando enquanto estivermos explorando as sensações do corpo – ou pelo menos não estaremos pensando muito. Se mantivermos a atenção no corpo, poderemos sentir nossos pés, nossas panturrilhas e nádegas e o contato deles com a cama. Sentir os braços e os dedos, a nuca – o que quer que seja. Manter a atenção no corpo pode acalmar a mente e ser uma maneira eficiente para voltar a dormir.

## DIETA

"Nem tão pouco, nem muito", disse Hipócrates. É irônico pensar que depois de tantos anos desde que a escassez de alimentos deixou de ser um problema global (lembrando que em muitos lugares ainda não há alimento suficiente) enfrentaríamos um problema oposto. Em 2012, o número de mortes causadas pelo consumo excessivo de alimentos superou em muito o número de mortes causadas pela desnutrição.[17] Enquanto a maior parte das pessoas se preocupa com as mudanças físicas e estéticas causadas pelo ganho de peso, os perigos em longo prazo de comermos em excesso são muito mais devastadores. Comer demais aumenta o risco de contrair doenças cardíacas, diabetes do tipo 2 e de desenvolver alguns tipos de câncer, doenças na vesícula biliar, apneia do sono e de ser vítima de um AVC (acidente vascular cerebral). Contudo, mesmo sabendo dos riscos e da necessidade de mudarmos nossa alimentação, isso não nos faz mudar os hábitos alimentares. Cinzia Pezzolesi é uma amiga e psicóloga clínica. Parte de seu trabalho consiste em ajudar pessoas a mudar a maneira como se alimentam. Seu livro, *The Art of Mindful Eating*, questiona as soluções que temos adotado relativas à dieta.[18] Isso, para ela, se tornou um grande problema.

Para ela, comer é uma arte, não uma ciência. "Claro, há muita ciência por trás da arte de se comer bem – assim como há por trás de outras formas de arte. Mas comer com consciência consiste na arte de desenvolver um relacionamento saudável, relaxado e prazeroso com a comida, sem necessidade de luta. É claro que estabelecer uma relação como essa com a comida requer tempo e paciência."

"Nosso corpo tem um mecanismo autorregulador", nos disse Cinzia. Como ela teve um bebê recentemente, viu esse mecanismo autorregulador em funcionamento antes que pudesse ser superado por outros sistemas do corpo humano. "Quando meu filho Leonardo não quer comer, ele fecha a boca e me lança aquele olhar – "Eu não quero isso..." –, mas quando crescemos perdemos essa capacidade instintiva. É como se a fome passasse a ser controlada por nossa mente e não mais pelo nosso corpo.

Dietas restritivas, como a paleolítica ou a 5 por 2, são formas de tentar controlar o corpo com a mente. Dietas como essas são criadas com boa intenção e às vezes funcionam bem. Mas também podem ser bastante confusas. Afinal, estão sujeitas a tendências e modas. Todos os anos surge uma nova dieta e uma nova abordagem torna-se predominante. Mas a sabedoria intrínseca do nosso corpo nunca muda. Se nos apegarmos a essa sabedoria teremos uma fonte segura do que comer e do que não comer.

Cinzia compartilhou conosco uma prática do seu livro *The Art of Mindful Eating* que abrange três aspectos para uma alimentação consciente:

- Comer utilizando todos os seus sentidos.
- Conexão com o mecanismo autorregulador da fome.
- Ter prazer ao comer.

Você pode usar a prática a seguir antes de iniciar suas refeições ou um lanche rápido.

 COMER COM ATENÇÃO PLENA

Encontre uma postura confortável, apoie as mãos no colo e feche os olhos, se preferir. Respire algumas vezes. Observe o fluxo de ar que entra nas narinas, vai até os pulmões e suavemente flui para fora do corpo.

Como você se sente?

Agora, concentre-se na região do seu estômago. Você está com fome?

Em uma escala de 1 a 10, onde 1 é não estar com fome alguma e 10 é estar faminto, em que ponto da escala você se encontra?

Observe os sinais que seu corpo envia para dizer que está com fome.

Pare por um instante e olhe sua comida, concentre-se na forma, nas cores e nas características do alimento.

Explore o aroma daquilo que você está prestes a comer e perceba quando estiver pronto para começar a comer.

Sinta a textura, o sabor e a temperatura da comida...

Preste muita atenção às sensações em sua boca.

Observe suas reações... Se está gostando ou não, se há alguma consideração específica.

Observe essas sensações e esses pensamentos, mantenha-se totalmente consciente e atento.

Continue a comer no seu ritmo habitual. De vez em quando verifique como está sua fome.

Permita-se desfrutar desta refeição ou lanche sem qualquer culpa ou autocrítica; afinal, você está com fome e tratando seu corpo com respeito ao comer por estar com fome.

Estudos apontam que quando você usa práticas como as do Mind Time aumenta sua capacidade de identificar com base na sua real experiência de satisfação quando já comeu o bastante e de dizer se deve ou não continuar a comer. Isso acontece em especial se você *investigar* sua fome antes de começar sua refeição.[19]

Dessa forma, podemos usar o PIM para nos ajudar a decidir quando parar de comer. Ao *permitir*, decidimos comer mais ou comer menos, dependendo de como realmente nos sentimos; nos perguntamos se estamos com fome ou satisfeitos ou se não estamos mais apreciando o que estamos comendo; se estamos conscientes do que pensamos, sentimos e dos impulsos presentes, somos capazes de decidir se comemos o bastante. Ao desfrutar da comida e apreciar a forma como estamos nutrindo nosso organismo, fornecemos energia ao nosso corpo, e isso melhora nosso bem-estar.

## ENVELHECER

Estamos todos envelhecendo a cada instante, mas nem sempre percebemos esse fato. Às vezes, a idade só se torna aparente quando percebemos que perdemos alguma habilidade que achávamos que nunca perderíamos. Talvez esteja um pouco mais difícil nos lembrarmos onde colocamos alguma coisa, ou nosso corpo está menos flexível. É possível que fique claro quando subimos uma escada e ficamos cansados mais rapidamente do que costumávamos ficar. Notamos algumas rugas e alguns cabelos brancos. Talvez aconteça durante um encontro de ex-alunos do colégio, quando percebemos o quanto todos envelheceram. Então paramos, refletimos e nos damos conta de que também envelhecemos.

Envelhecer é inevitável, mas o PIM pode facilitar o processo.

Nós não ganhamos nada por negar o fato de que estamos ficando mais velhos, não há nada que possamos fazer para retardar ou evitar este processo. Nessa hora, o conceito de *permitir* do PIM é muito util. Podemos tentar combater o processo de envelhecimento e tratá-lo como um inimigo que consome nossa juventude e vigor, ou podemos aceitá-lo, *permiti-lo* e lidar com ele de forma mais hábil. Podemos começar por ver o lado positivo do envelhecimento, algo que geralmente não reconhecemos – e que a sociedade ignora quase que por completo.

De acordo com Michael Ramscar, um neurocientista cognitivo da Universidade de Tübingen, na Alemanha, uma parte do aparente declínio cognitivo proveniente do envelhecimento saudável nada mais é do que efeito de termos ganhado mais experiência. Nos tornamos mais lentos porque temos que lidar com as consequências do nosso aprendizado.

Em outras palavras, parte da razão para ficarmos mais lentos quando envelhecemos é o fato de termos ficado mais sábios. Segundo Ramscar, "a mudança no desempenho dos adultos se dá devido às demandas na análise da memória, que aumenta à medida que as pessoas ganham mais experiência". Ou seja, à medida que envelhecemos, reunimos mais experiências, aprendemos mais nomes para as coisas e entendemos melhor como os sistemas social e econômico nos quais estamos inseridos funcionam. Isso pode nos deixar mais lentos e mais cautelosos em nossa abordagem. Na juventude temos velocidade e flexibilidade, mas a idade traz sabedoria e astúcia.

Não queremos minimizar o fato de que parte do declínio cognitivo de algumas pessoas pode estar relacionado às diversas formas de deterioração estrutural do cérebro. Mas é importante ressaltar que também podemos notar mudanças de velocidade, em nós mesmos ou em pessoas que conhecemos, devido apenas ao fato de que temos muito mais para processar conforme envelhecemos.

De qualquer forma, é preciso aceitar que provavelmente vamos desacelerar com o passar dos anos e ficar um pouco mais lentos do que na juventude.

O conceito de *investigar* do PIM também tem um papel importante a desempenhar na nossa capacidade de envelhecer com mais tranquilidade e graça. O que importa nesse caso é que nossa vida é este momento agora, *este* exato momento. Independentemente do quão velhos estejamos, é fácil habituar-se a olhar para trás e pensar que nossos melhores dias se foram e que a vida agora pertence aos mais jovens. Isso não é verdade. Este momento é tudo o que temos. Aqui, agora. Esta é a nossa vida – não a vida que ficou no passado. Quando desenvolvemos ainda mais as capacidades do PIM, podemos manter nossa atenção no momento presente com mais facilidade. Nos interessamos mais e ficamos mais curiosos sobre o que está acontecendo aqui e agora. Ao realmente vivermos no presente e abraçar a vida que temos agora, com toda sua riqueza – com seus altos e baixos, alegrias e dores – então passamos a ver o envelhecimento como um problema menor.

É claro que, quando envelhecemos, nem sempre olhamos para trás e vemos apenas os anos dourados. Eu (Michael) fiz parte de um grupo para formação de instrutores de Mindfulness. O evento aconteceu em um local montanhoso de paisagem deslumbrante, ao lado de um belíssimo lago. A maioria dos participantes era de profissionais da área da saúde mental que buscavam formação para ajudar seus pacientes com a meditação Mindfulness. Todos tinham o tipo de conduta que se poderia esperar desses profissionais, mas uma mulher se destacava do restante do grupo. Tinha por volta de 50 anos de idade, seu cabelo era revolto, sua roupa excêntrica – tinha tatuagens em lugares que não tornava fácil escondê-las com as roupas que usamos para trabalhar. Em um intervalo, lhe perguntei o que a trouxera para o treinamento. Revelou-se então uma história de partir o coração.

Ela me contou que cresceu em um orfanato público, e tudo lá era muito difícil. Foi então finalmente adotada, mas seus pais adotivos morreram e ela acabou voltando para o orfanato. A história seguiu dentro de um padrão constante de perda e traição. Foi de arrepiar.

"Já passei dos 50 anos, não tenho filhos, não tenho parceiro, nem pais ou qualquer outro familiar. À medida que envelheço, não há ninguém para cuidar de mim. Eu também não tenho de quem cuidar, não tenho netos. É muito solitário, mas neste momento estou bem! Fica tudo bem a cada novo instante. Por meio da prática da meditação Mindfulness eu venho descobrindo isso. Se eu mantiver minha atenção no presente, me sentirei bem a cada instante. Essa descoberta mudou minha vida. É possível ser feliz e realizada. Quero compartilhar essa experiência com outros. É por isso que estou aqui."

O conceito de *investigar* do PIM nos ajuda a manter esse tipo de relação com o presente. Ficamos mais interessados no momento presente e mais envolvidos com o aqui e o agora.

O aspecto da *metaconsciência* nos ajuda na capacidade de *permitir* e *investigar*, nos ajuda a perceber nossos pensamentos, sentimentos, sensações corporais e impulsos como são no momento, ou seja, apenas pensamentos, sentimentos, sensações corporais e impulsos. Podemos notar qualquer tendência de julgar nosso corpo envelhecido com menos compaixão e podemos deixar esse julgamento de lado e sermos generosos. Afinal, nosso corpo nos apoiou ao longo dos anos, desde o nascimento de um filho, durante períodos de dificuldade no trabalho e em competições esportivas. Podemos sentir gratidão e sermos mais gentis e pacientes com nós mesmos.

Quando nos pegamos (ou amigos mais velhos ou parentes) oscilando desajeitadamente entre pensamentos críticos ou memórias que nos tragam desconforto, o PIM nos ajuda a lidar com essas questões.

Permitir, Investigar e Metaconsciência – essas habilidades nos ajudam a envelhecer de maneira mais elegante.

Ainda há mais benefícios que as práticas deste livro poderá lhe oferecer.

Uma pesquisa científica recente concluiu que apenas alguns minutos de meditação por dia melhoram a capacidade cognitiva de pessoas entre 55 a 75 anos de idade. Isso vai contra a crença comum de que todos, sem exceção, perdemos a capacidade mental com o passar do tempo. Os pesquisadores descobriram que quando pessoas meditavam de 10 a 15 minutos por dia por mais de oito semanas ficavam significativamente mais rápidas para retornar sua atenção para uma atividade no computador que estavam realizando após serem interrompidas de forma deliberada.

Parece que podemos continuar a treinar nossa mente e modificar nosso cérebro mesmo durante o processo de envelhecimento. O que é uma notícia maravilhosa se consideramos que muitos que estão lendo este livro viverão por mais de cem anos!

---

Como está indo sua prática do Mind Time?

O que ajuda você a praticar?

E o que o atrapalha?

---

## SAÚDE MENTAL – ANSIEDADE / DEPRESSÃO

Ruby Wax – uma grande amiga de Michael e praticante da meditação Mindfulness – construiu seu nome e sua reputação como comediante em programas de televisão da BBC, como *The Full Wax* e *Ruby Wax Meets...* Mas o que o público não sabia era que, apesar do seu sucesso e das risadas que ela costumava arrancar da plateia, Ruby lutou contra uma forte depressão durante a maior parte da vida.

Durante boa parte desse tempo ela se viu sozinha para lidar com a doença. "É um segredo que você não quer que ninguém saiba – há sentimentos de vergonha ligados à doença." Em um episódio particularmente crítico ela se internou em uma clínica especializada para se tratar, e finalmente percebeu como os problemas de saúde mental são amplos. "É tão comum", ela nos disse, "pode acontecer com qualquer um, mas ninguém quer falar sobre isso, o que faz tudo ficar ainda pior. É preciso que as pessoas sejam mais abertas e falem sobre as doenças mentais". "Hoje eu brinco que uma a cada cinco pessoas tem caspa e uma a cada quatro pessoas tem algum transtorno mental – eu tive os dois."

Ruby escreveu sobre a depressão e elaborou um programa de TV como forma de debater o assunto. "Precisamos tirar o estigma das doenças mentais. Não se deve sentir vergonha por ter uma doença. O câncer costumava ser a doença que as pessoas não discutiam. Agora são as doenças mentais. Espero que em breve as pessoas passem a falar abertamente sobre saúde mental sem medo de serem tratadas com preconceito."

Mais recentemente, no Reino Unido, o príncipe Harry falou sobre o fato de ter procurado aconselhamento psicológico por ter reprimido durante vinte anos a tristeza pela morte da sua mãe. Ele falou com franqueza em uma entrevista[20] sobre como havia suprimido suas emoções depois de perder a mãe, a princesa Diana, quando tinha apenas 12 anos de idade. No início, começou a praticar boxe na tentativa de lidar com os sentimentos agressivos, mas decidiu procurar ajuda profissional.

"Eu provavelmente estive muito perto de um colapso emocional em diversas ocasiões – quando a tristeza era grande demais e todos os tipos de mentiras, acusações e suposições foram feitas", disse ele.

É maravilhoso ver que, por meio do trabalho de pessoas como Ruby e da sinceridade do príncipe Harry, o estigma em torno dos problemas de saúde mental está diminuindo e começamos a ver a saúde mental da mesma forma como vemos os problemas de saúde física. Problemas de saúde mental podem ser tão sérios e debilitantes quanto alguns problemas físicos, apesar de não serem evidentes para quem olha de fora.

Como Ruby diz, "uma questão da depressão – e é por isso que muita gente sente vergonha, assim como eu sentia – é que, aparentemente, não há nada de errado com você. Quer dizer, você sabe que não tem nenhum ferimento aparente, nem cicatrizes. Você não está em uma cadeira de rodas. Então, as pessoas geralmente dizem: 'Vamos lá, vamos! Saia dessa. Anime-se...'. Isso é absurdo e deixa tudo muito pior – porque você simplesmente não consegue fazer isso".

"Não é como se você estivesse sentado na sua varanda cantando *blues* com um banjo porque o amor da sua vida o deixou. É muito profundo e escuro, um abismo infernal. Você sabe que está doente, mas ninguém acredita em você – e isso torna tudo muito mais desesperador."

Ruby descobriu a meditação Mindfulness em um curso com Michael e iniciou em seguida um mestrado em terapia cognitiva baseada em Mindfulness na Universidade de Oxford. Agora Ruby usa as práticas como as que ensinamos neste livro para ajudá-la no tratamento da própria depressão.

Atualmente, Ruby aconselha pessoas a aprenderem essas práticas para construírem defesas contra a depressão e a ansiedade. Isso os ajuda a frear a tristeza, o medo, a culpa ou a autocrítica logo no início e evita que o problema se torne crônico.

As práticas de Mind Time que ensinamos ajudam a desenvolver consciência do fluxo de pensamentos e sentimentos que vivenciamos e a perceber como podemos ficar presos a esse fluxo. Ao visualizar o fluxo e sair dele, mesmo que apenas por um instante, começamos a observar alguns dos nossos padrões de pensamentos e sentimentos.

Com tempo e prática, começamos a perceber quando esses pensamentos estão assumindo o controle. Notamos que são simplesmente "eventos mentais". Eles vêm e vão, não devem nos controlar.

Todos temos dificuldade em resolver alguns problemas. Por meio das práticas que ensinamos neste livro, você saberá lidar com eles de maneira mais produtiva. Podemos nos perguntar: "Ficar tentando resolver isso mentalmente é realmente útil, ou estou preso em meus próprios pensamentos?".

Com Mind Time percebemos mais cedo sinais de estresse ou ansiedade, o que nos ajuda a lidar melhor com essas questões. Algumas pessoas têm grande dificuldade para praticar quando estão ansiosas ou com baixa autoestima. Nessa hora pensamentos e preocupações podem se aglomerar na mente. Lembre-se de que não se trata de fazer os pensamentos desaparecerem: pelo contrário, é preciso enxergá-los como eventos mentais.

Então, se estamos ansiosos com alguma coisa no trabalho ou talvez preocupados com a reunião do dia seguinte e continuarmos assim, somente nos preocupando se vamos ter um bom desempenho ou se vamos nos lembrar de levar todo o material e de falar sobre os assuntos mais importantes, podemos primeiro nos organizar.

Podemos anotar os pontos mais importantes, falar com um amigo ou com um colega de trabalho para nos preparar. Para depois, com o PIM, descansar e colocar as preocupações de lado. Toda vez que se pegar pensando a respeito da reunião, perceba isso, *permita* e observe os sentimentos de ansiedade que podem vir junto. Podemos também usar nossa recém-desenvolvida *metaconsciência* para perceber que os pensamentos e sentimentos que vêm à mente são apenas pensamentos, apenas sentimentos. Podemos talvez observá-los como folhas em um rio, flutuando na correnteza enquanto ficamos na margem vendo elas passarem. Às vezes podemos ser atraídos repetidamente para o drama dos nossos pensamentos e sentimentos. Pode parecer que é muito difícil deixá-los passar. Pode ser o que pareça que estamos sendo puxados pelo fluxo e tudo que podemos sentir é a pressão da água trazendo um fluxo de pensamentos e sentimentos. Aceite-os, deixe que sejam como são, compreenda que o que quer que estejam falando, eles são, no fim das contas, apenas pensamentos e sentimentos.

Algumas pessoas acham que é mais fácil lidar com a mente fazendo exercícios físicos, como yoga, pilates, tai chi chuan ou saindo para caminhar ou correr. Realmente ajuda, mas ainda é preciso nos afastarmos dos padrões inúteis de pensamentos e sentimentos e vê-los pelo que são: apenas padrões – nada além disso.

Algumas pessoas acham útil, para desenvolver consciência em relação aos pensamentos e sentimentos, nomeá-los em silêncio e *permitir* que passem. "Ah, sim – este é o pensamento de que eu talvez perca meu emprego", ou "isso é só minha ansiedade falando". Você não luta contra o pensamento, adota uma atitude de *permitir* e isso o ajuda a se afastar um pouco e apenas observar – sem se envolver.

Algumas pessoas acham que é útil desenvolver a *metaconsciência* e *permitir* sempre que percebem que ficaram presas a ressentimentos passados ou que estão vivenciando preocupações futuras que não ocorreram e que talvez nunca ocorram. Nesses momentos podemos encontrar algo aqui e agora que desperte nossa curiosidade e prenda nossa atenção; alguma sensação ou experiência corporal do momento presente que possa nos interessar.

O PIM acalma a mente ansiosa e diminui a autocrítica. Porém leva tempo para isso acontecer e é preciso uma prática constante. Caso você esteja lutando contra seus pensamentos e sentimentos, reserve um tempo para praticar e seja paciente. Gradualmente, pouco a pouco, sua habilidade com o PIM vai aumentar.

Vale lembrar que se você está enfrentando problemas frequentes de depressão ou de ansiedade, recomendamos enfaticamente que procure ajuda de um profissional especializado em saúde mental o quanto antes.

## PRINCIPAIS PONTOS DO CAPÍTULO 6

- Se você não está fisicamente ativo no momento, mova-se. Você pode utilizar o PIM para ajudá-lo nesse processo e fortalecê-lo ainda mais durante suas atividades físicas.
- A maioria das pessoas não dorme o suficiente. Se você está adormecendo durante a prática do Mind Time, provavelmente precisa de mais horas de sono. Se quando está meditando você fica no estado intermediário, entre dormir e permanecer acordado, isso pode ser útil. Ao familiarizar-se com esse estado, você pode utilizá-lo para gerar ideias ou para ajudá-lo a adormecer com mais facilidade. O PIM também ajuda quando estamos com dificuldades para dormir às 4 horas da manhã. Utilizar a *metaconsciência* pode ser bastante útil para nos ajudar a enxergar quaisquer pensamentos de ansiedade e sentimentos desagradáveis em tais momentos como apenas sendo pensamentos e sentimentos. Ela é especialmente útil na hora de nos conectarmos com nosso corpo e acalmar nossa mente para adormecer.
- Muitos comem demais e isso é prejudicial à saúde. O PIM pode nos ajudar a saborear mais a comida e a perceber se realmente precisamos continuar comendo ou se já estamos satisfeitos. O PIM pode nos conectar ao

mecanismo autorregulatório das nossas necessidades físicas.

- O número de pessoas que falam abertamente sobre problemas de saúde mental tem aumentado, e isso está ajudando a diminuir o estigma em torno desse problema. Se você tem propensão à depressão ou a pensamentos e sentimentos de ansiedade, o PIM pode ajudá-lo a sair dessa situação. Lembre-se de que por mais que pareçam que são parte de nós, os pensamentos e sentimentos são apenas pensamentos e sentimentos.
- Praticar 10 minutos de Mind Time por dia é bom para a saúde física e mental.

Capítulo 7

# PIM para Melhorar o Equilíbrio Entre a Vida Profissional e a Vida Pessoal

## A NOITE TODA

Quando eu (Megan) comecei a trabalhar, entrei para uma consultoria de gestão empresarial em Londres. Eu e meus colegas muitas vezes passávamos a noite toda trabalhando, até o dia amanhecer, e continuávamos a trabalhar durante o dia. Não me importava em fazer isso: na realidade, eu gostava. Meus colegas de trabalho formavam minha principal rede de relacionamentos e nos divertíamos juntos. Eu tinha 20 anos, era solteira, cheia de energia e sem outros compromissos. O trabalho era a maior parte da minha vida, e eu achava minha atividade profissional emocionante, divertida e até mesmo glamorosa. Eu definitivamente não me importava em equilibrar a relação entre minha vida profissional e minha vida pessoal.

Avanço vinte anos. Agora sou casada e mãe de duas meninas. Alguns meses atrás, precisei ir à França a trabalho por alguns dias. Uma noite, durante o jantar com um cliente, "escapei" para fazer uma ligação rápida para casa. Conversei com meu marido, que parecia tenso, e ao fundo era possível ouvir Lottie, minha filha mais nova, chorando. Ela estava com dor de barriga e não sabíamos a causa. Meu coração congelou e senti um nó no estômago.

Lá estava eu, longe de casa, superpreocupada do lado de fora de um restaurante, com um cliente me esperando lá dentro. Fiquei imaginando o que havia acontecido comigo. Apoiei o iPad de qualquer jeito no meu colo e digitei freneticamente no Google "crianças com dor de barriga". Discutindo o tempo todo com vozes interiores que me diziam que sou uma péssima mãe; que estava decepcionando meu cliente; que deveria ser capaz de gerenciar melhor meu trabalho e a criação das minhas filhas – e de preferência as duas coisas ao mesmo tempo.

Naquele momento, parecia haver um desequilíbrio muito grande entre trabalho e vida pessoal.

Eu estava sendo puxada para duas direções opostas, e me perguntava como seria possível atender às necessidades das pessoas ao meu redor ao mesmo tempo que atendo às minhas próprias necessidades. Completamente ciente do que é mais importante – minha família –, também percebi que meu amor e consideração por eles não poderia se traduzir em algo como "preciso desistir totalmente do trabalho para estar com eles o tempo todo". Eu sou a principal provedora, o sustento em casa vem do meu trabalho e ele dá significado e propósito à minha vida.

Felizmente, Lottie ficou bem. Mas é muito comum que as pessoas precisem lidar com emoções contraditórias relacionadas ao equilíbrio entre as prioridades domésticas e as prioridades do trabalho.

## QUÃO EQUILIBRADO VOCÊ ESTÁ?

Em uma escala de 1 a 10, em que 1 representa total discordância e 10 total concordância, responda às questões abaixo:

1. A maneira como gerencio meus compromissos profissionais e não profissionais corresponde ao que acredito ser mais importante para mim.
2. Tenho controle sobre os limites entre minha vida profissional e minha vida pessoal.
3. Minha vida pessoal não é interrompida por minha vida profissional com frequência – ou, caso seja, isso não é um problema para mim.
4. Minha vida profissional não é interrompida por minha vida pessoal com frequência – ou, caso seja, isso não é um problema para mim.
5. Eu me identifico melhor com minhas atribuições fora do ambiente de trabalho ou com minhas atribuições profissionais? Estou satisfeito com minha resposta a esta pergunta?
6. Tenho tempo suficiente para mim?

Como você se saiu nas questões? Marcou mais de 7 ou 8 em todas? Isso indica, com base nesses critérios, que você está bastante satisfeito com o equilíbrio entre sua vida profissional e sua vida pessoal. Ou será que você obteve pontuações mais baixas? Isso sugere que você está menos satisfeito, menos à vontade com a maneira como equilibra sua vida profissional e sua vida pessoal.

Se você está no segundo grupo, saiba que não está sozinho. De acordo com um estudo da Fundação de Saúde Mental (Mental Health Foundation), uma organização britânica sem fins lucrativos, um terço das pessoas está infeliz ou muito infeliz com o tempo que dedica ao trabalho.[1] E as mulheres são significativamente mais propensas a estarem nesse grupo, provavelmente por causa da pressão social e das expectativas relacionadas à ideia de que mulheres devem ser boas mães ao mesmo tempo que se destacam em suas profissões.

Este capítulo tem como objetivo ajudá-lo a encontrar um equilíbrio entre sua vida pessoal e sua vida profissional, e para isso contaremos com o auxílio das práticas do Mind Time que desenvolvem o PIM. Esse equilíbrio lhe possibilitará alcançar tudo aquilo com o que você sonha e irá ajudá-lo a tomar decisões claras e mais bem fundamentadas para equilibrar melhor seus compromissos profissionais e pessoais. A frase "equilíbrio entre vida pessoal e vida profissional" é usada com frequência quando falamos sobre a quantidade de tempo que despendemos no trabalho em comparação com o tempo que passamos fora dele. Porém, como vimos na história contada por Megan, o equilíbrio está longe de ser uma equação exata. Quando analisamos o equilíbrio entre vida profissional e vida pessoal, há outros fatores a serem considerados além do tempo total dedicado a essas atividades.

## O QUE SIGNIFICA "EQUILÍBRIO" PARA VOCÊ?

Quando o assunto é o equilíbrio entre sua vida profissional e sua vida pessoal:

1. Qual seu nível de controle com relação ao local onde você trabalha, a maneira como você trabalha e o momento em que exerce sua atividade profissional?
2. Em que estágio da vida você está?
3. Que compromissos você tem fora do ambiente de trabalho?
4. Que apoio você recebe fora do ambiente de trabalho (por exemplo, para cuidar de algum parente idoso ou das crianças)?
5. Qual é seu padrão de trabalho? Você tem períodos de descanso entre suas obrigações?
6. Como você descreveria a si mesmo? Como você gostaria que os outros descrevessem você?
7. O que lhe satisfaz? O que é, para você, uma vida significativa?

Quando levantamos questões como essas, verificamos que a ideia de "equilíbrio entre vida profissional e vida pessoal" acaba ficando um pouco sem sentido. É estranho separar "trabalho" e "vida" dessa maneira, como se o trabalho não fizesse parte da vida e a vida não fizesse parte do trabalho. A ideia de equilíbrio evoca a imagem de uma balança, com o trabalho de um lado e a vida do outro, e que simplesmente precisássemos que ambos os lados fossem equivalentes.

Mas não é assim. Por exemplo:

- Talvez você trabalhe muito, mas seja capaz de escolher o local onde trabalha e quando o faz. Assim, o equilíbrio entre sua vida profissional e sua vida pessoal não é tão ruim.
- Ou talvez você seja jovem, solteiro e sem muitos compromissos. Isso pode lhe dar uma perspectiva diferente em relação ao trabalho e à vida pessoal do que se fosse um pai divorciado ou estivesse próximo à aposentadoria.
- Talvez as inúmeras horas dedicadas ao trabalho nesta semana foram positivas para você, pois pretende deixar o trabalho dentro de alguns meses e dar uma pausa na sua carreira profissional.
- E se você estiver entre os poucos sortudos que adoram o que fazem e considere o trabalho como algo realmente significativo, pender a balança para o lado profissional pode ser muito agradável. Por outro lado, você não gostaria de ficar afastado demais do seu universo profissional.

O equilíbrio entre vida pessoal e profissional é essencial para uma vida gratificante e produtiva. Mas pode ser complicado alcançar esse equilíbrio.

O PIM pode ajudar. Praticar o Mind Time todos os dias nos permite baixar o volume da voz interna crítica que muitas vezes pode gerar conflitos entre vida profissional e vida pessoal. Isso permite que sejamos mais compassivos em relação a nós mesmos quando precisamos lidar com questões complexas de priorização.

---

Você parou de praticar o Mind Time?

Se já faz algum tempo que você não pratica, comece novamente.

Lembre-se: Você nunca perderá o que já conquistou. Está sempre lá, esperando você começar novamente.

---

O PIM nos ajuda a abrir espaço para *investigar*, nos ajuda a fazer perguntas sobre a vida que queremos viver e nos mostra aquilo que é mais significativo para nós. Ajuda a desenvolver a capacidade de sintonizar corpo e mente, e isso nos dá pistas de quando estamos em equilíbrio ou de quando estamos nos desviando do curso.

Vamos analisar mais detalhadamente. Comecemos a *investigar*. Se não sabemos o que queremos da vida nem o que faz a vida ter propósito, será difícil priorizar o que fazemos na nossa rotina diária.

Veja abaixo algumas perguntas que podem ser usadas para *investigar*. Ao analisá-las, traga a abordagem calorosa e compassiva que o PIM propicia.

## O QUE QUERO FAZER COM A MINHA VIDA?

"Diga-me, o que você quer fazer com sua vida selvagem e preciosa?", perguntou Mary Oliver, em seu poema "Um Dia de Verão" ("A Summer Day").

O que você diria se lhe fizessem essa pergunta e você precisasse respondê-la imediatamente?

Alguns têm a resposta na ponta da língua. Outros já pensaram sobre isso em algum momento da vida, mas passaram-se semanas, meses e anos sem que fosse dada a atenção necessária à questão.

Mas se não pensarmos sobre o que é importante para nós, vamos muito provavelmente continuar jogando pingue-pongue com nossos compromissos profissionais e pessoais. Isso pode nos deixar atormentados, insatisfeitos e com uma persistente sensação de que estamos fazendo as escolhas erradas ou perdendo oportunidades.

Vivienne, uma amiga minha (Megan), me procurou com um problema. Ela estava havia algum tempo descontente com o trabalho e sentia-se angustiada e culpada por conta do tempo que despendia trabalhando. Ela me disse que, seis anos antes, havia prometido a si mesma que reavaliaria suas atividades e mudaria seu trabalho para passar mais tempo com a família. Mas esses seis anos haviam se passado e ela não sabia explicar por que continuava trabalhando tantas horas e comprometendo seu tempo em casa.

Muitos de nós estamos na mesma situação, talvez porque seja assustador pensar mais fundo sobre o que é importante para nós. Se fizermos isso, podemos sentir que perdemos tempo ou podemos nos ver forçados a tomar decisões ainda mais assustadoras para que as mudanças necessárias na nossa vida de fato aconteçam.

Mas fazer isso não é melhor do que enfiar a cabeça na areia e esperar que as coisas mudem sozinhas?

Com o PIM – Permitir, Investigar e Metaconsciência – podemos enfrentar as perguntas difíceis, aprofundar nossas reflexões sobre elas e então respondê-las, com mais compaixão e autenticidade.

*Investigar meu propósito*

Investigar a todo momento o que é importante em nossa vida é como usar a bússola ao navegar em alto-mar. Nenhum de nós se aventuraria a viajar em um barco sem uma bússola, navegando à deriva ao sabor do mar e do vento, esperando chegar de alguma forma a uma bela praia – principalmente se estivermos acompanhados das pessoas que amamos.

Mas, às vezes, é isso que fazemos com nossa vida. Podemos ficar presos ao piloto automático, deixando passivamente que as circunstâncias do mundo ao nosso redor ditem nossas decisões. E, como resultado, sentir que estamos presos a um padrão que nos desagrada na relação entre vida profissional e vida pessoal.

Ao fornecer ferramentas para sair do piloto automático, o PIM nos dá acesso a uma bússola para que possamos verificar regularmente nossa direção. Não deixamos mais ao acaso o local onde iremos terminar, descobrimos que somos capazes de fazer escolhas conscientes, escolhas que consideram nossas necessidades e as necessidades daqueles que nos acompanham em nossa jornada.

Com a ajuda do PIM, é possível descobrir o que é mais importante para nós e, em seguida, partir em busca disso. É possível priorizar as coisas com as quais queremos nos comprometer no dia a dia e tomar decisões importantes sobre nossa carreira e a vida pessoal em longo prazo.

Veja a seguir uma técnica utilizada para auxiliar nesse processo. Ela vai ajudá-lo a entender como funciona seu equilíbrio entre vida profissional e vida pessoal.

# ESCREVA UMA CARTA PARA SI MESMO

Imagine-se no futuro – pode ser daqui a dois, cinco ou dez anos, ou mesmo quando você tiver 80 ou 90 anos de idade. Basta escolher o período de tempo que lhe pareça melhor.

Imagine que, nesse momento, você esteja vivendo uma vida significativa e cheia de propósito.

Imagine-se nesse futuro escolhido e escreva uma carta para o você atual, descrevendo sua vida no futuro.

Usando os verbos no presente do indicativo, considere algumas das seguintes questões ao escrever sua carta:

**Autoimagem:** Considerando que o você futuro, que está escrevendo esta carta agora, é exatamente o tipo de pessoa que você quer ser, vivendo a vida significativa e cheia de propósito que você imaginou, quais são suas qualidades? Qual é sua atitude em relação à vida? Como você está se sentindo?

**Impacto pessoal:** O que os outros dizem a seu respeito? Como seus colegas de trabalho, seus amigos e sua família descrevem você?

**Trabalho:** Qual é sua situação profissional? Quais são os impactos do seu trabalho no mundo? Em que você está contribuindo com a sociedade?

**Aprendizado pessoal:** Como você está aproveitando o aprendizado e seu desenvolvimento pessoal?

**Comunidade:** Como você está influenciando a cultura e a comunidade ao seu redor?

**Moradia:** Como é a região onde você mora?

**Saúde:** Como está sua saúde, seu condicionamento físico e tudo o mais que tenha relação com seu corpo?

**Relacionamentos:** Como é sua relação com seus colegas de trabalho, com sua família e com seus amigos?

**Outros:** O que mais você faz? O que mais você tem? O que você dá aos outros? Como você está se sentindo?

Enquanto você escreve esta carta, veja algumas dicas que podem ajudar a tornar a realidade mais verosímil:

- É difícil criar uma visão pessoal que dependa da mudança dos outros. Dizer, por exemplo: "Meus colegas de trabalho são todos gentis e atenciosos", não mudará em nada seus colegas! É melhor concentrar-se no que você realmente pode influenciar.
- Foque naquilo que você deseja fazer em vez de focar nas coisas que você deseja evitar. Por exemplo, em vez de dizer: "Deixei de comer *fast-food* e abandonei o sedentarismo", você poderia dizer: "Tenho uma alimentação saudável e gosto de praticar exercícios".
- Tensão e movimento podem surgir quando você diz: "Estou me sentindo realizado no

trabalho", mas não quando você diz: "Em dois anos vou me sentir realizado no trabalho".

- Se você tem dificuldade para saber o que quer fazer e como quer viver, tente pensar em experiências significativas anteriores – momentos em que você sentiu satisfação. Esse tipo de observação pode ajudar você a descobrir seus valores mais importantes.
- Decida o que quer para si, em vez de ter como objetivo ser melhor do que outras pessoas. Você pode olhar e aprender com o exemplo delas, mas depois transforme isso em algo que seja certo para você.
- Quanto mais clara a imagem que você criar, mais forte ela será. Assim, você não precisa saber exatamente agora em qual emprego vai estar ou onde irá morar. Apenas especifique as características do seu trabalho e da sua casa. Você não precisa saber quando vai se aposentar, mas leve em conta a forma como essa transição se dará.
- É interessante imaginar um futuro que seja ao mesmo tempo desafiador e realizável.

Este exercício lhe dará melhor percepção a respeito do que é mais importante para você. Investigar e sempre perguntar-se sobre o tipo de pessoa que você quer ser e sobre o tipo de impacto que você quer causar nas outras pessoas é fundamental para ajudá-lo a saber priorizar seu trabalho e sua vida. Saber que fizemos esse levantamento e que podemos revisitá-lo de novo em breve nos ajuda a equilibrar melhor nossos compromissos.

# PODEMOS REALMENTE "TER TUDO"?

Fomos convidados recentemente para participar de uma mesa-redonda de um evento que discutiu a realidade de pessoas com vidas profissionais muito exigentes. O tema da mesa-redonda era "Podemos realmente ter tudo?". Os convidados estavam debatendo, entre si e com o público, se devemos simplesmente aceitar que é preciso sacrificar o equilíbrio entre vida profissional e vida pessoal em troca de um alto desempenho no trabalho. O entendimento predominante na sala era de que há, sim, necessidade de abrir mão de grande parte da nossa vida pessoal para ter sucesso no trabalho.

A discussão foi fascinante e destacou um dos mitos mais simplistas e estabelecidos da nossa época: quanto mais eu trabalhar, mais irei alcançar. Essa suposição traz sérias consequências para o equilíbrio da nossa vida pessoal e da nossa vida profissional, nos levando a trabalhar demais.

Mas quão verdadeiro é isso?

Se você tivesse que argumentar a favor ou contra essa suposição, o que diria?

Dê uma olhada na "Curva de Pressão-Desempenho", mostrada a seguir.

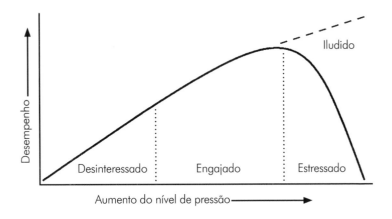

Esse modelo ilustra uma antiga relação entre níveis de pressão e o desempenho que corresponde a esses níveis.[2] No início, com o aumento da pressão ou dos níveis de desafio, nosso desempenho também aumenta. Todos já passamos por isso alguma vez na vida. Se nos é designado um trabalho que pode ser feito sem grande esforço, depois de algum tempo ficamos entediados ou apáticos diante dessa tarefa simples. Ficamos desinteressados e nosso desempenho cai. Mas quando recebemos um trabalho em que o nível de interesse e desafio estão equilibrados – desafiador, mas ainda gerenciável – crescemos perante tal situação e nosso desempenho aumenta.

Mas essa melhora no desempenho não continua crescendo ininterruptamente. Em algum momento, a pressão aumenta para níveis que nos deixam estressados, o que faz que nosso desempenho comece a declinar.

Mas é aqui que mora o problema: muitas vezes não percebemos que atingimos esse ponto.

Muitos de nós estamos convencidos de que nossa produção e nosso desempenho serão melhores se trabalharmos mais. Ignoramos nossa vida pessoal e a necessidade de equilibrá-la com a vida profissional: baixamos a cabeça e trabalhamos mais. Ao fazer isso, podemos dizer coisas semelhantes às registradas nos comentários dos balões a seguir. Algum comentário lhe parece familiar? Claro, fazer comentários como estes podem ser bons em algumas circunstâncias. Como dissemos, equilíbrio entre vida profissional e vida pessoal é uma questão pessoal e todos somos diferentes. Cada um de nós tem sua curva pessoal

de pressão-desempenho, e essa curva pode mudar com o passar do tempo. Alguns mantêm níveis mais altos de desempenho do que outros quando enfrentam níveis mais altos de pressão. Mas se dizemos para nós mesmos esse tipo de coisa com muita frequência e, ao mesmo tempo, estamos percebendo sinais de exaustão, pode ser que tenhamos entrado na zona "da ilusão".

Na zona da ilusão, temos a impressão de que se continuarmos a inclinar o equilíbrio para longe da vida pessoal, na direção da vida profissional, atingiremos bons resultados. Mas não é assim que funciona, e as pessoas que estão mais próximas de nós podem provavelmente confirmar isso. Trabalhamos cada vez mais, acreditando que isso nos ajudará a sair desse estado atual de agitação profissional e achando que é algo apenas temporário. Mas o que acontece, na realidade, é que caímos em um ciclo vicioso de mais trabalho e menos "vida".

Quando isso acontece, podemos ficar à beira do esgotamento e em risco de entrar no que é conhecido como o funil da exaustão. Por isso, é preciso encontrar uma saída.

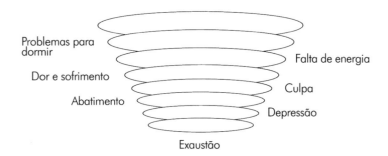

*Exaustão*

O diagrama acima mostra o funil da exaustão, desenvolvido por Marie Asberg, professora clínica especializada em *burnout*.

## VOCÊ JÁ ENTROU NO FUNIL DA EXAUSTÃO?

Você vive alguma (ou muitas) das situações descritas abaixo com *frequência*?

- Acorda pela manhã e nota que seu corpo está dolorido (possivelmente ombros/pescoço/costas)?

- Sente-se constantemente cansado, tanto no trabalho como fora dele?
- Tem dificuldade para dormir ou acordar, com muitos pensamentos passando pela mente?
- Sente-se culpado quando está no trabalho, por não estar em outro lugar (com seus filhos ou com seu pai idoso, por exemplo)?
- Sente-se culpado quando não está trabalhando e acha que deveria estar?
- Tem dificuldade para lembrar de um ou dois momentos divertidos do seu dia?
- Sente-se deprimido, sem vontade de levantar pela manhã?

Esses sintomas podem indicar exaustão e a necessidade de proteger nosso bem-estar físico e mental.

Para fazer isso, precisamos identificar a ilusão, e o PIM nos ajuda com isso.

## Identificando a ilusão

Por meio da *metaconsciência* dos nossos pensamentos, sentimentos, sensações e impulsos, é possível perceber melhor o momento em que começamos a entrar na descendente da curva de desempenho, em direção à zona da ilusão. As práticas deste livro nos ajudam a verificar rotineiramente como estamos e a perceber quando tentamos nos convencer de que estamos bem e que só precisamos seguir em frente. Ficamos mais propensos a identificar as pistas dadas por nosso corpo e por nossa mente de que estamos entrando no funil da exaustão.

Muitas pessoas que praticam Mind Time e utilizam o PIM nos dizem que isso as ajuda a sentirem-se mais conectadas ao corpo e mais capazes de prestar atenção às dores e às tensões. São elementos que muitas vezes preferimos ignorar, mas é mais fácil fazer algo a respeito quando percebermos esses problemas em fases preliminares. Isso pode evitar que nosso corpo e nossa mente cheguem a condições graves (ou até irreversíveis) que exijam intervenções médicas para tratamento.

Quando percebemos que estamos nos iludindo, temos que nos defender de nós mesmos e respeitar mais nossos limites.

De qualquer maneira, o PIM nos ajuda a fazer escolhas mais claras sobre nossos limites que, por sua vez, podem nos ajudar a permanecer no topo da curva.

*Apagando as fronteiras entre a vida profissional e a vida pessoal*

Quanto mais horas você passar no trabalho, mais horas você vai gastar pensando ou se preocupando com ele, mesmo quando não estiver trabalhando. O aumento da carga de trabalho semanal de um trabalhador comum aumenta também sua sensação de infelicidade.[3]

Os *smartphones* nos dão a possibilidade de conexão com o trabalho por mais tempo. Para alguns de nós, isso dá liberdade. Para outros, significa invasão da vida pessoal.

 QUÃO DEPENDENTE VOCÊ É DO SEU APARELHO DE TELEFONE?

*Quando você verifica seu telefone pela primeira vez no dia? Você dá uma rápida olhada nele assim que desliga seu alarme (que é seu telefone)?*

*Um terço das pessoas verifica o telefone dentro dos primeiros 5 minutos depois de terem acordado.*

Com que frequência você checa seu telefone? Uma vez por hora? A cada 5 minutos?

Juntos, todos os usuários de smartphones do Reino Unido verificam seus telefones mais de um bilhão de vezes ao dia.[4]

Quando você verifica seu telefone? Há momentos em que você passa dos limites?

Cerca de 80% das pessoas usam o smartphone enquanto estão conversando com amigos e dois terços delas o fazem durante o jantar em família. Alguns não conseguem deixá-lo de lado nem mesmo enquanto dormem — um terço das pessoas verifica o telefone no meio da noite.[5]

Se você somasse a quantidade de tempo que dedica à verificação de mensagens no seu celular, quanto tempo isso totalizaria?

Um estudo descobriu que trabalhadores que verificavam novos e-mails adicionavam até duas horas à carga de trabalho diária.[6]

Quando você está de férias, deixa completamente de lado o trabalho?

O TripAdvisor, um site de viagens on-line, afirma que a maioria das pessoas verifica seu e-mail profissional durante as férias e retorna ligações para o escritório.[7]

Estar sempre ativo e conectado pode trazer certo grau de liberdade. Isso pode ajudar a escolher quando e onde queremos trabalhar. A cada dia aumenta o número de pessoas que querem essa liberdade: os nascidos após a década de 1980 certamente acreditam que devem ter liberdade para definir seus próprios padrões de trabalho e são mais propensos a misturar as fronteiras entre trabalho e vida pessoal.[8] Essa liberdade pode ser importante para pais que precisam parar de trabalhar à tarde para buscar os filhos na escola ou para aqueles que cuidam de parentes idosos e precisam visitá-los durante o dia. Os empregadores na maioria das vezes permitem essas liberdades, tendo em vista que os *notebooks* deles estarão ligados novamente à noite.

Mas, para muitos, é mais difícil lidar com as questões psicológicas e físicas decorrentes da falta de nitidez da fronteira entre a vida profissional e a vida pessoal. Muitos se sentem com menos controle, e não com mais.

Como você gerencia os limites entre a vida profissional e a vida pessoal? Talvez você prefira separar as duas o máximo possível. Talvez você prefira integrá-las e movimentar-se constantemente entre as atividades do seu emprego e da sua vida pessoal.

Contudo, é importante sentirmos que ainda podemos fazer escolhas nessas situações, e é aqui que encontramos um *link* para o PIM. Quando o PIM é praticado com regularidade no Mind Time, abrimos espaço para escolher nossa resposta em vez de reagir com padrões automáticos.

Não estamos afirmando que uma das estratégias acima seja melhor do que a outra. Mas se utilizarmos o PIM, teremos mais opções para escolher e teremos um certo grau de controle sobre qual estratégia preferimos. Isso fará que nos sintamos mais íntegros e nos ajudará a amadurecer.

## METACONSCIÊNCIA – ABRINDO POSSIBILIDADE DE ESCOLHA NA FRONTEIRA ENTRE A VIDA PROFISSIONAL E A VIDA PESSOAL

Ao percebermos que nossos pensamentos estão galopando para o futuro ou ruminando o passado e, em seguida, trazermos nossa atenção para o momento presente, podemos nos tornar mais conscientes das escolhas à nossa disposição. Podemos escolher ativamente o que fazer agora.

Jon – um velho amigo de Megan – tem uma habilidade maravilhosa: ser sincero e gentil ao mesmo tempo. Apesar disso, ele tem dificuldade para gerenciar a fronteira entre sua vida profissional e sua vida pessoal, e sente que não desempenha bem nenhum dos dois papéis: contador autônomo e pai de três filhos. Exercitando as práticas sugeridas neste livro, ele conseguiu melhorar de forma gradual em relação a isso. Agora Jon consegue fazer escolhas e prestar atenção em apenas um papel de cada vez, em vez de misturá-los e tentar fazer múltiplas tarefas.

Veja o que ele nos disse:

> "Houve um momento decisivo com um dos meus filhos, que mudou tudo. Na hora de dormir, Rosie, que estava tendo problemas de relacionamento na escola, me pediu para colocá-la na cama. Eu precisava finalizar um trabalho – na realidade, eu estava bastante atrasado, e estava trabalhando em meu *notebook*, de casa. Disse a ela: "Ah, querida, tenho um relatório para terminar, mamãe vai colocá-la para dormir hoje à noite". Mas ela de fato queria que eu fizesse isso. Felizmente, pelo canto do olho, vi rapidamente aquele olhar de decepção no rosto dela. Percebi que naquele momento eu tinha que fazer

uma escolha. Alguns segundos depois, fechei o *notebook*. Ela precisava de mim, ela estava pedindo por mim. Subi as escadas e a coloquei na cama. Conversamos sobre suas preocupações e sobre o que ela poderia fazer. Ela ficou muito mais segura. Quando desci as escadas, eu ainda tinha um relatório do trabalho me esperando, mas eu poderia então tranquilamente me focar e ser eficiente em vez de ficar me martirizando sabendo que eu não tinha feito a coisa certa. Curiosamente, terminei tudo mais rápido."

Assim como Jon, perdemos muito tempo trabalhando sem entusiasmo em uma coisa, nos distraindo com outra, para depois tentarmos voltar à primeira coisa. Acabamos realizando muitas tarefas ao mesmo tempo e não fazemos nada direito. Quando estava misturando os dois papéis, Jon percebeu ser incapaz de dar o melhor de si tanto no seu trabalho quanto com seus filhos.

Parte da solução para o equilíbrio entre vida profissional e vida pessoal é darmos atenção plena ao trabalho quando estivermos trabalhando e, em seguida, darmos atenção total às nossas atividades fora do trabalho. Desse modo, a qualidade do que fazemos aumenta.

Para chegarmos a isso, algum grau de separação pode ser benéfico. Adam trabalha duro, longas jornadas de trabalho no Serviço Nacional de Saúde do Reino Unido (em inglês: National Health Service – NHS) e está exercitando as práticas do Mind Time deste livro. Ele nos disse que passou a fazer uma pausa habitual, por um instante, antes de colocar a chave na fechadura da porta de casa quando chega do trabalho. Adam disse que, antes de aprender a usar sua mente de maneira mais consciente, não tinha ideia da quantidade de emoções negativas e estressantes que trazia do trabalho para casa. Sua família muitas vezes absorvia essas emoções e, antes que ele percebesse, todos estavam de mau humor!

Agora, antes de colocar a chave no buraco da fechadura da porta, ele se pergunta: "Que tipo de humor eu quero trazer para minha família?", "'Que impacto vou causar nas pessoas que amo esta noite? O que vão 'pegar' de mim?".

Praticando o PIM, Adam agora é capaz de parar para respirar e reconhecer seu próprio estado de espírito. Assim, há possibilidade para mudar o humor dele e o humor daqueles que ele ama.

Alguns podem rejuvenescer protegendo cuidadosamente os limites entre a vida profissional e a vida pessoal e aproveitar de forma integral atividades não relacionadas ao trabalho. Mas muitos enfrentam desafios ainda maiores fora do trabalho do que dentro dele.

## AUMENTO DAS PRESSÕES FORA DO TRABALHO

Para alguns, o tempo fora do trabalho deve ser dedicado àquilo de que gostamos: *hobbies*, exercícios, ler, ver os amigos e a família.

Muitos de nós, porém, temos compromissos fora do trabalho, o que significa que não podemos fazer tudo aquilo que queremos fazer quando não estamos trabalhando. Esses compromissos podem nos dar prazer, mas também nos estressar e nos sobrecarregar. Às vezes carregamos um sentimento pesado de obrigação.

Judy, uma colega muito talentosa, tem mais tranquilidade atualmente no ambiente de trabalho do que em casa. Ela é mãe solteira de dois filhos pequenos, seu pai morreu no ano anterior, sua mãe sofre de demência e precisa ir regularmente ao hospital e seu irmão mora a várias horas de distância. Nesse momento em que estou escrevendo, ainda não foi encontrada uma solução para o problema da sua mãe, e ainda há muitas tarefas administrativas necessárias para incluí-la aos serviços de saúde públicos.

Tempo para descansar é algo que Judy precisa encontrar rapidamente, mas ela enfrenta mais pressão fora do trabalho do que dentro dele.

Cada vez mais pessoas estão assumindo o cuidado de parentes idosos, cônjuges doentes ou crianças com deficiência.[9,10] Isso é particularmente difícil para mães e pais solteiros, e o número de pessoas que estão sendo obrigadas a criar os filhos sozinhas também só vem crescendo.[11] E há ainda questões como os cursos que fazemos, os grupos de caridade, religiosos ou da comunidade de que participamos e que tomam nosso tempo. No final das contas acaba nos sobrando pouco tempo para atividades revigorantes e relaxantes. E isso significa que devemos sem dúvida fazer o que Judy fez com sucesso com a ajuda do PIM, que é compreender quais são nossas cordas salva-vidas e usá-las.

## CORDAS SALVA-VIDAS

"Cordas salva-vidas" são atividades que nos nutrem e nos fortalecem. Podem ser atividades como dar um passeio ao ar livre, encontrar os amigos, ouvir música ou tomar banho quente de banheira. A natureza dessas atividades varia de pessoa para pessoa. Quando sentirmos algum sinal de exaustão, seja pelos compromissos profissionais ou não, precisamos nos agarrar a uma dessas cordas, além de sempre criar novas.

Infelizmente, fazemos o oposto disso. Reduzimos aos poucos as atividades revigorantes — os círculos do funil de exaustão diminuem gradualmente, mostrando como nossa vida está ficando limitada. Fazemos apenas aquilo que acreditamos ser urgente, e nossos níveis de estresse aumentam. Criamos uma grande e falsa suposição de que essas cordas salva-vidas são opcionais.

Mas não são...

Muitas vezes conseguimos ignorá-las por um curto período, mas depois de algum tempo, se continuarmos exaustos, vamos enfrentar graves problemas físicos e mentais que podem ser de difícil recuperação. Às vezes seguimos em frente até recebermos um alerta muito duro.

Vejamos o caso do Simon. Conhecemos Simon no evento "Podemos realmente ter tudo?", citado anteriormente (ver p. 185). Quatro anos atrás, Simon trabalhava em um escritório de advocacia no centro de Londres. Comprometido com sua carreira, ocupava uma posição sênior e trabalhava muitas horas em ritmo acelerado. Certa manhã, ele saiu para trabalhar, como sempre muito cedo, às 6 horas, para estar em sua mesa às 7 horas. Caminhando para a estação de trem pelas ruas desertas da região norte de Londres em uma manhã escura e úmida de novembro, de repente sentiu o peito apertar. Inicialmente pensou que era uma indigestão, mas a dor aumentou. Como ninguém estava por perto para ajudá-lo, deu um jeito de voltar para casa. Quando sua esposa abriu a porta ele desabou diante dela. Às 7h30, ele já estava na sala de cirurgia. Aos 44 anos de idade, Simon teve um grave ataque cardíaco.

Ele ficou afastado do trabalho por sete meses. Foi diagnosticado com diabetes, e os médicos disseram que sua vida profissional estressante também contribuira para o ataque cardíaco.

Enquanto esteve afastado do trabalho, Simon teve tempo de sobra para pensar em como vinha se cuidando e sobre o que era de fato importante para sua vida. Ele está de volta ao trabalho, no mesmo escritório de advocacia, mas agora trabalha menos, e trabalha de casa durante dois dias da semana. Mudou radicalmente sua dieta, diminuiu o consumo de álcool e faz mais exercícios. Agora sente que tem um relacionamento mais saudável com seu trabalho e com sua vida pessoal: "Não levo o trabalho tão a sério agora. Há outras coisas na vida".

Ele prefere não dar conselhos aos outros sobre como lidar com o equilíbrio entre vida profissional e vida pessoal, mas disse que é fundamental pensar sobre o que realmente importa para você.

É difícil ignorar certas coisas quando se tem um ataque cardíaco aos 44 anos de idade. Mas, para a maioria de nós, é muito fácil ignorar os sinais de alerta e acreditar que tudo ficará bem no final. Às vezes só pensamos em sobreviver aquela semana. Negligenciamos as cordas salva-vidas que nos tornam mais resistentes a problemas de saúde física e mental. Essa situação é insustentável, não nos ajuda em nada e nem ajuda aqueles que amamos.

## Identificar quando as cordas salva-vidas se soltaram

Quando desenvolvemos as capacidades do PIM por meio do Mind Time e estamos mais vivos em cada instante, também ficamos mais conscientes das nossas cordas salva-vidas e as valorizamos ainda mais. Esse fenômeno divide-se em duas partes.

Primeiro, podemos escolher priorizar atividades que nos dão energia e melhoram nossa resiliência. Prestar atenção na nossa mente e no nosso corpo ajuda a discernir as atividades que nos trazem sensação de alegria e relaxamento. Algumas delas podem ser óbvias para nós – por exemplo, sabemos que ouvir música nos ajuda a relaxar. Mas algumas atividades podem ser passageiras e aparentemente cotidianas, como aqueles 3 minutos em que andamos pela natureza, do local onde estacionamos o carro até nosso local de trabalho. Aqueles 5 minutos de uma rápida conversa com um amigo. O delicioso café que tomamos quase todas as manhãs, mas que acabamos tomando rapidamente (lembre-se do Capítulo 4, quando discutimos como podemos nos tornar mais conscientes desse tipo de atividade cotidiana, que nos revigora e nos dá força e alegria).

Segundo, depois de identificarmos essas atividades, podemos aprender a apreciá-las (mesmo que sejam poucas e esparsas) quando as estamos vivenciando, porque podemos aproveitar ao máximo essas talvez raras ocasiões quando estamos mais relaxados.

Quando eu (Meghan) fiz meu primeiro exercício "Nutrir a Si Mesmo", apresentado no Capítulo 4 (ver p. 114) e refleti sobre as atividades que me nutriam, notei que estava desperdiçando todas as manhãs os benefícios de uma atividade realmente especial. De manhã cedo, minhas duas filhas sobem na minha cama por 5 minutos enquanto eu tomo uma xícara de chá. Elas se aconchegam e se divertem com seus brinquedos. Ao refletir sobre esse pequeno evento, percebi que nesses momentos minha mente com frequência estava lá na frente do meu dia – percorrendo rapidamente minha lista de tarefas e consequentemente me deixando estressada, determinada ou pensativa, dependendo do que me aguardasse naquele dia.

Percebi que esse momento com minhas filhas era incrivelmente precioso, e poderia se tornar um momento para me conectar a uma bateria que me daria energia e alegria para o resto do dia. Além disso, eu não ganhava nada percorrendo minha lista de tarefas uma vez mais durante aqueles 5 minutos. Decidi então, usando o PIM, passar a me concentrar de todo o meu coração naquele momento e me aconchegar com minhas filhas. Agora, naqueles 5 minutos, meu humor melhora, me reconecto com o que é importante e sigo meu dia de maneira diferente. É uma corda salva-vidas para mim – e deve ser também para elas, agora que sentem que a mãe está totalmente presente.

## PERMITIR – SER "BOM O BASTANTE"

O PIM ajuda a questionar nossas suposições acerca do equilíbrio entre vida pessoal e vida profissional e a identificar quando estamos "desequilibrados". Nos tornamos mais capazes de discernir e priorizar as atividades que nos nutrem e nos carregam de energia, e isso possibilita sermos mais produtivos no trabalho e a tirar o máximo de proveito daqueles momentos em que não estamos trabalhando.

Também nos ajuda a *permitir* e aceitar que, mesmo utilizando todas as ferramentas acima, pode ser complicado demais sustentar eternamente o equilíbrio perfeito entre vida profissional e vida pessoal.

A vida muitas vezes não é tão complacente quanto gostaríamos que fosse. O equilíbrio ideal entre vida profissional e vida pessoal pode ser arrancado de nós por algo inesperado. A boa intenção de ir à academia durante a semana é arruinada por algo no trabalho que precisa ser priorizado. Ficamos doentes e isso reduz nosso desempenho no trabalho e em outras áreas da vida. Nos martirizamos por ter esquecido o dia de fantasiar as crianças para a festinha da escola porque só estávamos pensando no turno extra que teríamos que fazer no trabalho...

Permitir é ser "bom o bastante". É compreender que somos seres humanos e não podemos controlar o ambiente externo, mas podemos influenciar nossas reações a ele. É aceitar que às vezes nossa melhor intenção de equilibrar e priorizar talvez não funcione, e que podemos fazer uma pausa, recuperar a perspectiva da situação e redefinir novamente os rumos. Resumindo, *permitir* é cuidar de nós mesmos e daqueles que estão conosco.

Lembre-se da última vez em que suas intenções foram frustradas. Talvez tenha decidido visitar seu parente idoso, mas pediram que você fizesse algo urgente no trabalho. Ou então você precisava entregar um relatório no trabalho, mas seu filho estava doente e você ficou em casa. Consegue se lembrar da sua reação? O que sua voz interior lhe disse? Talvez ela tenha sido bastante crítica: "Isso é um desastre! Eu sou péssimo nas coisas que faço! Nunca consigo cumprir minhas promessas, eu não consigo ser uma boa mãe/um bom pai/um bom filho/um bom colega de trabalho". Ou talvez tenha sido mais tolerante e dito algo gentil e brando, como: "Bem, essas coisas acontecem. O que posso fazer para aproveitar esta situação da melhor forma possível?".

Também é preciso *permitir* que vamos, às vezes, nos ver em situações nas quais sentiremos que não temos muitas escolhas quanto ao que pode ser feito. A atitude de *permitir,* que aprendemos durante o Mind Time, também pode ser direcionada a outros.

Quando exigem que refaçamos algum trabalho que sabemos que vai nos tomar todo o final de semana, ou quando nossa companheira nos cobra para que em algum momento no final de semana façamos algum reparo doméstico que já está há algum tempo esperando para ser feito, nossa voz interior pode começar a desejar que a outra pessoa ou que as circunstâncias fossem diferentes. Se escutarmos essa voz, que fica repetindo nosso desejo, isso não ajudará em nada; só vai nos desgastar e não teremos mais abertura para pensar de maneira criativa ou para direcionar nossa atenção para as necessidades da outra pessoa.

Sem deixar que pisem em nós, é possível ser mais gentil e ter mais aceitação em relação aos outros e a seus pedidos. Podemos recusar alguns pedidos – mas se estamos utilizando nossa capacidade de *permitir*, teremos mais chances de comunicar isso de uma maneira que proteja nosso relacionamento. Sabemos que pessoas que exercitam o PIM estão mais propensas a terem empatia. Permitir tem um grande papel a desempenhar nisso tudo, pois nos ajuda a ver as coisas sob a perspectiva da outra pessoa, e não somente do nosso próprio ponto de vista.

---

Continue com o Mind Time.

Apenas 10 minutos por dia pode realmente melhorar seu PIM.

---

## PIM PARA MELHORAR O EQUILÍBRIO ENTRE A VIDA PROFISSIONAL E A VIDA PESSOAL

O PIM nos ajuda a negociar melhor nossos compromissos no trabalho e fora dele. Permitir que sejamos "bons o bastante", aceitar que sempre vão acontecer coisas que perturbam nosso senso de equilíbrio. Investigar nosso propósito, o que nos dá sentido na vida e como podemos tomar decisões potencialmente difíceis ao priorizarmos algumas coisas. Desenvolvemos *metaconsciência* de como escolhemos viver e manter o limite entre vida profissional e vida pessoal e de como descobrir quais são nossas cordas salva-vidas.

Se praticarmos 10 minutos todos os dias, aumentaremos a probabilidade de ficarmos satisfeitos com as decisões que tomamos na nossa vida. Trata-se, portanto, de um tempo muito bem gasto, sem dúvida alguma.

# PRINCIPAIS PONTOS DO CAPÍTULO 7

- O equilíbrio entre vida profissional e vida pessoal é mais complexo que uma simples equação.
- Utilizando o PIM, podemos *investigar* os nossos objetivos e perceber o que é mais significativo para nós. Isso nos ajuda a escolher a direção certa em meio a pressões: é como ter uma bússola para nos guiar.
- Ao perceber que a pressão está aumentando, depois de certo ponto nosso desempenho começa a cair. A "Curva de Pressão-Desempenho" mostra quando entraremos na "zona da ilusão" e cairemos no "funil de exaustão".
- Ao nos conectarmos mais à vida do momento presente, estamos *metaconscientes* dos pensamentos, sentimentos e das sensações. Desse modo, poderemos perceber quando chegarmos nesse ponto.
- Trabalho flexível e avanços tecnológicos nas comunicações indicam que os limites entre vida profissional e vida pessoal estão se dissolvendo – estamos sempre "ligados". O PIM nos ajuda a escolher onde estabelecer nossos limites.
- Muitos enfrentam forte pressão fora do ambiente de trabalho devido a compromissos como ter que cuidar de outras pessoas. No entanto, por desenvolvermos o PIM, *permitir* e aceitar que nosso "equilíbrio" será afetado – e que isso é apenas a vida – podemos ser mais compassivos com os outros e com nós mesmos. Podemos incentivar nossa voz interior a ser mais amistosa e nos mantermos em estados de espírito mais criativos.

Capítulo 8

# Utilizando o PIM em Momentos Difíceis

Todos passam por períodos de dificuldades. A vida pode parecer dura e até mesmo cruel nesses momentos. O PIM nos ajuda a ter mais recursos para lidar com situações que não podem ser mudadas com facilidade.

## MUDANÇAS DOLOROSAS

Vidyamala Burch, uma grande amiga do Michael, tem paralisia no intestino e na bexiga.[1] Ela é parcialmente paraplégica e sofre com dores crônicas. Ela disse que o que sente é como uma dor de dente na espinha e nas pernas, acompanhadas por dores pujantes nas costas e nos pés.

Se você pedir para ela falar sobre sua qualidade de vida, com um sorriso amplo e aberto, ela lhe dirá que está maravilhosa.

Mas nem sempre foi assim.

Nascida na Nova Zelândia, Vidyamala gostava de caminhar nas montanhas e fazer escaladas, principalmente nos deslumbrantes alpes do Sul daquele país. Porém, aos 16 anos, enquanto tirava uma pessoa da piscina durante um treinamento de salva-vidas, ela machucou a espinha dorsal. Ela passou por uma grande cirurgia, que marcou o início de uma vida com dores crônicas. Em poucos meses, ela deixou de ser uma pessoa alegre e brincalhona e tornou-se cada vez mais retraída, deixando de sentir seu corpo como um local agradável para se estar. Sete anos depois, estava no banco do passageiro de um carro, o motorista dormiu ao volante e ela fraturou a coluna vertebral no acidente. Foi hospitalizada mais uma vez e submetida a mais uma cirurgia. Desde então, suas dores são intensas.

Quando sofreu o segundo acidente, Vidyamala trabalhava como editora de filmes. Era muito dedicada e passava 60 horas por semana na mesa de edição. Atualmente ela se refere a esse período como um período de negação. Fugindo de si mesma, tentava escapar daquela situação resistindo à dor e tentando viver a vida da maneira mais normal possível.

A tensão a levou a um colapso físico e ela acabou sendo hospitalizada por três semanas. Houve grandes complicações durante seu tratamento e a situação ficou ainda pior.

Uma noite no hospital, apavorada, ela passou por uma experiência transformadora. Impossibilitada de deitar-se por 24 horas devido ao tratamento, sentada na cama do hospital e apoiada em travesseiros, ela viveu uma noite de crises agudas.

> "Era como se houvesse duas vozes diferentes na minha cabeça. Uma me dizia que eu era capaz de passar por aquela provação. A outra, talvez o lado mais realista, estava completamente vulne-

rável e ficava me dizendo que eu não aguentaria e que não chegaria até a manhã seguinte."

"Então, foi como se uma terceira voz atravessasse a escuridão vindo até mim, com uma mensagem forte, me dizendo que não eu precisaria chegar até a próxima manhã, tudo que eu precisava era conseguir chegar até o próximo momento."

Ela imediatamente deixou de sentir-se exausta e desesperada, ficou mais relaxada e até mesmo confiante. Viu que seria possível passar por aquele momento. Ao mudar sua perspectiva, deixando de ficar agonizando sobre o futuro e desde que conseguisse permanecer no momento presente, conseguiria passar por aquela noite.

A experiência a transformou por completo. "Era como se eu tivesse uma vida antes daquele momento e outra vida depois dele."

Vidyamala percebeu que o que havia feito em sua mente mudou a experiência em seu corpo. A dor *não* está toda na mente, ela disse. Se alguém lhe dissesse isso enquanto ela estava sofrendo, ela ficaria irritada. Sim, seu corpo havia sido danificado, e essa era a raiz da sua dor. Mas ela aprendeu que poderia usar a mente para regular a dor. A mente pode diminuir a intensidade da dor. O mais importante é que você pode ter outra perspectiva da situação.

Tendo aprendido a meditar logo após sair do hospital, há mais de trinta anos, Vidyamala agora administra a Breathworks, uma organização internacional dedicada a ajudar pessoas a gerenciarem melhor dores crônicas.

A principal abordagem da Breathworks, um conceito que também partilhamos, é que o sofrimento chega a nós de duas formas: primária e secundária.

## DOIS TIPOS DE SOFRIMENTO

O sofrimento primário, que é a dor pela qual Vidyamala passou, não pode ser evitado, pois faz parte da condição humana. A vida nos trará coisas indesejadas sucessivamente. Dor, perda, doença, luto, sofrimento. Não podemos evitar. O sofrimento secundário, no entanto, é uma questão diferente. Ele está diretamente relacionado às nossas reações insensatas diante do sofrimento primário ocorrido.

No período em que trabalhou como editora de filmes, Vidyamala sentia dores constantes. Esse foi seu principal sofrimento. Mas sua falta de aceitação e de *permitir* que as coisas fossem do jeito que são produziu uma enorme quantidade de sofrimento secundário. Ela não queria que a dor estivesse lá. Mas estava. Desejava constantemente que as coisas fossem diferentes do que eram, lutando e esbravejando contra a dor, esforçando-se para manter o ritmo. Todas essas coisas estavam produzindo diferentes formas de sofrimento secundário. Ela passou então a, além de sentir dor – o que já é ruim o bastante –, ter também um sofrimento secundário resultante da tentativa negar a dor. E ela acabou aprendendo que isso é opcional. Quando ela teve força para aceitar e *permitir* que as coisas fossem como são, o sofrimento secundário dela diminuiu significativamente.

Isso demonstra que parte da infelicidade que vivenciamos não têm origem nos eventos indesejados, mas sim nas nossas reações impensadas a esses eventos. Todos queremos ser felizes; nenhum de nós quer sofrer. Mas a maneira como tentamos nos livrar do sofrimento muitas vezes serve apenas para aumentá-lo.

Por sermos humanos, algumas vezes seremos obrigados a sentir dor. Já o sofrimento é uma história diferente. Dor é inevitável; mas o sofrimento é opcional. Por quê? Porque muito do que chamamos de sofrimento vem da nossa profunda falta de vontade em aceitar e *permitir* a dor que não somos capazes de evitar.

A escolha, assim como nosso potencial para a liberdade, surge após a experiência indesejada. Podemos lidar com inteligência, ou de forma insensata. Podemos reagir de maneira impulsiva, ou responder com inteligência.

## NÃO REAJA: RESPONDA

Você está sentado em um vagão de trem a caminho de uma reunião familiar, e o trem para inesperadamente. Após 5 minutos no vagão superlotado, as pessoas começam a olhar em volta: "Por que paramos?". O condutor anuncia: "Vocês devem estar se questionando por que paramos aqui. Fui informado de que há um defeito no trilho à frente e precisamos ir devagar nessa parte do percurso. Há quatro trens à nossa frente e um deles é o de serviços. Nossa viagem será adiada por mais 35 minutos".

Você vai perder parte do almoço, mas essa não é a questão principal. Há pessoas que você não vê sempre que estarão lá e parte desse precioso tempo com elas se foi. Você vai precisar ajustar suas expectativas. Mas observe todo o vagão: os demais passageiros agora dividem-se em duas categorias: os que reagem impulsivamente e aqueles que respondem de maneira inteligente.

Os que respondem com inteligência fazem o possível para reduzir os danos: fazem ligações, enviam *e-mails* ou mensagens de texto, fazem o que for preciso para colocar a agenda em ordem para o restante do dia. Esses podem então ler um livro, ouvir música, fazer algum trabalho, meditar ou olhar pela janela. Afinal, 40 minutos pode ser um tempo valioso.

Os que reagem impulsivamente, por outro lado, estão ficando aborrecidos e frustrados com o que está acontecendo. Estão com as sobrancelhas franzidas, os maxilares apertados e com a pressão arterial subindo. Em vão esforço para se livrar da dor da frustração, alguns dos mais impulsivos se voltam uns para os outros e reclamam do estado das ferrovias. Pegam seus telefones e ligam para reclamar com outras pessoas, ou ficam sentados, reclamando consigo mesmos, esbravejando e ficando cada vez mais impacientes e vermelhos, cada vez mais infelizes.

Aceitar que a situação seja como ela é, e depois escolher o que fazer em seguida – essa é uma parte essencial do aprendizado para reduzir o sofrimento secundário. É um componente importante na busca por mais felicidade.

---

Continue praticando o Mind Time.

E não espere que seja rápido.

Foram anos construindo outros hábitos mentais.

Mudar requer tempo.

---

## CONSTRUINDO SUA RESILIÊNCIA

É claro que perder parte de um encontro familiar não entra na lista dos mais graves eventos indesejados. Enfrentamos situações muito mais complicadas. A maioria das pessoas lida com grandes traumas (situações de risco) em algum momento da vida. Nenhum de nós está imune a grandes desafios: a morte daqueles que amamos, a perda do emprego ou de um relacionamento, doenças, problemas físicos e acidentes.[2]

É inevitável ao ser humano que essas coisas aconteçam, como também é provável que a maioria de nós se recupere desses traumas. Nós temos o que Ann Masten, uma especialista em resiliência, chama de um tipo de "magia comum": uma capacidade natural de nos recuperarmos das adversidades.[3] Em face a graves traumas, uma parcela das pessoas enfrentará problemas de saúde; doenças como o Transtorno de Estresse Pós-Traumático (TEPT) vão aos poucos sendo mais bem compreendidas. Porém, o mais importante em relação à mágica da resiliência é que há coisas que todos podemos fazer para desenvolvê-la quando passarmos por alguma situação traumática.

A Associação Americana de Psicologia (em inglês: American Psychological Association) identificou 10 maneiras para desenvolver a resiliência pessoal.[4] Aqui está nossa opinião a respeito disso e uma adaptação levando em consideração o PIM.

## Dez passos para desenvolver a resiliência pessoal

### 1. Faça conexões

É importante cultivarmos nossos relacionamentos com familiares próximos e bons amigos. Para algumas pessoas, participar de grupos sociais, cívicos ou religiosos pode ser útil. Se ajudarmos outras pessoas em períodos de maior necessidade, elas talvez também possam nos ajudar quando precisarmos. Ao *permitir* que os outros sejam como são, podemos deixar que eles também nos ajudem. Investigando a experiência dos outros, podemos deixar que investiguem a nossa.

Para algumas pessoas, a conexão pode ser mais forte com um animal de estimação. Isso pode ser extremamente útil.

Não importa com quem você tenha uma conexão mais profunda, o fato é que ela vai ajudá-lo a perceber seus pensamentos, sentimentos, sensações e impulsos. Às vezes, partilhá-los pode ajudar. Assim, o PIM pode ajudar a construir conexões mais fortes.

## 2. Evite encarar crises como problemas intransponíveis

Eventos estressantes acontecem e são inevitáveis. Mas o PIM pode ajudar a mudar a maneira como interpretamos esses eventos e como reagimos a eles. O PIM pode colocar as coisas em suas devidas proporções, nos ajudando a aceitar que as situações sejam como são, e ajudando a perceber qualquer tendência a tornar as questões problemáticas maiores do que são de fato.

## 3. Aceite que a mudança é parte da vida

As circunstâncias mudam e precisamos mudar com elas. Podemos utilizar o PIM e deixar que as coisas sejam como realmente são, em vez de ficarmos lutando ou tentando negar o que está acontecendo. Aceitar que existem algumas coisas que não podem ser alteradas pode nos ajudar a focar naquilo que podemos mudar.

## 4. Estabeleça metas

Se seus objetivos são realistas, até as pequenas coisas feitas habitualmente poderão ajudá-lo a avançar. Podemos usar o PIM para sermos mais realistas em relação às coisas. Quando sabemos que estamos fazendo o máximo possível, aceitamos mais facilmente o fato de que não podemos fazer tudo.

## 5. Tome ações decisivas

Tenha objetivo para agir. Problemas e tensões não desaparecem só porque você gostaria que desaparecessem. Quando deixamos que a situação seja de fato como ela é, podemos escolher mais rapidamente o que vamos fazer, e então podemos agir.

## 6. Procure oportunidades de autodescoberta

Podemos aprender muito quando lidamos com as perdas. O PIM pode nos ajudar a *permitir* que o mundo e outras pessoas sejam como são. Isso nos ajuda a indagar profundamente sobre o que encontramos. Podemos notar como as mudanças impactam nossos pensamentos, sentimentos, sensações e impulsos. À medida que aprendemos mais sobre o mundo, sobre os outros e sobre nós mesmos, nossos sentimentos de apreço pela vida podem se aprofundar.

## 7. Cultive uma visão positiva de si mesmo

O PIM proporciona uma nova força para enfrentarmos os desafios da vida. *Permitimos* que as situações sejam como são e passamos a tratar os outros e a nós mesmos com bondade. *Investigamos* com curiosidade e abertura o que realmente está acontecendo conosco, com os outros e com o mundo à nossa volta. Damos um passo para trás e vemos com *metaconsciência* que nossos pensamentos são apenas pensamentos, nossos sentimentos são apenas sentimentos e que nossas sensações são apenas sensações passageiras. Quando fazemos isso, notamos que podemos lidar com a situação: eu sou forte o bastante.

## 8. Mantenha as coisas em perspectiva

Por meio do PIM, vemos que, por mais desafiante que seja a situação, existe um mundo enorme em volta de você. O PIM ajuda a manter um senso de perspectiva. Ele abre um pequeno espaço onde reagimos um pouco menos e respondemos de maneira adequada. Isso pode ajudar a manter a situação na proporção correta.

## 9. Mantenha um olhar esperançoso

Com o PIM podemos observar como os eventos indesejados podem desencadear sequências negativas de pensamentos e sentimentos. No final, porém, são apenas pensamentos, apenas sentimentos. Podemos notar como estão nossos pensamentos e sentimentos em momentos de dificuldades. Caso esses pensamentos e sentimentos pareçam excessivamente negativos, o PIM pode nos ajudar a ver que são apenas pensamentos, apenas sentimentos e, quando notamos isso, podemos experimentar focar nossa atenção em outro lugar e observar como isso pode se dar.

## 10. Cuide de você

Faça coisas relaxantes e que você goste de fazer. Exercite-se regularmente. Mantenha a prática do Mind Time, continue com o PIM.

O ponto aqui é identificar caminhos que funcionem bem para que você desenvolva estratégias que aumentem sua resiliência. Podemos voltar para a lista acima e rever cada um dos pontos. Quais das coisas listadas você já faz? Como pode melhorar em algumas delas? O que seria bom se você fizesse com mais frequência? O que é um pouco difícil ou desafiador de ser realizado?

Em "Faça conexões", por exemplo, algumas pessoas são naturalmente sociáveis e gostam de estar em eventos sociais, em contato com outras pessoas. Se energizam com isso. Outras são menos extrovertidas, gostam de ficar sozinhas e acham isso naturalmente energizante. O ponto aqui não é incentivar os introvertidos a mudarem sua natureza e se tornarem mais extrovertidos, pois isso seria apenas estressante. Contudo, é importante reconhecer e desenvolver nossas preferências naturais. Se somos sociáveis, podemos tirar o máximo de proveito disso e pensarmos em maneiras de desenvolver mais esse ponto. Há algum clube ou grupo social do qual você gostaria de fazer parte, mas não faz? Se prefere ficar sozinho ou passar tempo com apenas um ou dois bons amigos, tente reservar alguns dias da sua agenda e cultive essas amizades mais próximas.

É bom saber que, por mais resilientes que já sejamos, podemos nos esforçar para desenvolver-nos ainda mais. A ideia por trás da resiliência implica na ideia de voltar ao estado original, recuperar o terreno que perdemos frente a um desafio. Mas é possível ir além. Às vezes, grandes desafios, aparentemente cataclísmicos podem ser oportunidades de crescimento. E quando usamos o PIM, aumentamos de maneira significativa as chances de isso acontecer, como veremos na próxima parte.

## ALÉM DA RESILIÊNCIA

No Capítulo 4, vimos que existem coisas simples que podemos fazer para ter mais positividade. Mas, por mais que busquemos e aproveitemos as coisas positivas, a vida sempre nos trará coisas que queremos e coisas que não queremos. Simplesmente não há como evitar. Mas, se você tiver desenvolvido a capacidade de aproveitar coisas positivas e a capacidade de Investigar, Permitir e da Metaconsciência, essas mudanças poderão se tornar ocasiões para seu desenvolvimento pessoal e crescimento genuíno, quando mudanças drásticas ocorrerem.

Considere a história de Jacob. Ele tem 63 anos e está hospitalizado para tratar de um câncer potencialmente fatal. Sua estadia no hospital está sendo muito difícil. Ele está passando por uma série de intervenções cirúrgicas debilitantes, além de quimioterapia e radioterapia. Tudo isso foi enfraquecendo aos poucos o espírito dele.

Como parte do tratamento, ele aprendeu práticas semelhantes às que ensinamos, do Mind Time.

Uma manhã, deitado na cama, ele começou a pensar em tudo o que havia acontecido desde o diagnóstico do câncer. Pensando no futuro a partir da sua situação, Jacob viu-se dominado por pensamentos sombrios de sua iminente morte. Mas em vez de insistir com esses pensamentos, ele decidiu fazer uma das práticas.

Não se prendendo aos pensamentos, escolheu deliberadamente não os reprimir. Começou então a observar o pensamento "minha vida acabou, é o meu fim" apenas como um pensamento.

Notou o sentimento de desespero que surgira. Havia uma sensação pesada em seu peito e um vazio no estômago. Ele não lutou contra, e nem tentou mudar aquilo. Ele apenas os observou com certa curiosidade, explorou e aceitou.

Levando a atenção à respiração, por repetidas vezes, a *metaconsciência* passou aos poucos a fazer parte daquela experiência. Ele estava percebendo seus pensamentos e sentindo profundamente seus sentimentos, mas, ao mesmo tempo, conseguiu se afastar um pouco. Ele permitiu que sua experiência fosse apenas o que era – enxergou o fluxo dos pensamentos, sentimentos e sensações como um fluxo de pensamentos, sentimentos e sensações. Nada além disso.

Por alguns instantes, isso lhe deu algum alívio. Mas sua atenção logo se voltou para as cicatrizes da cirurgia recente em seu estômago. Ele percebeu como isso moldou e restringiu sua atenção, e direcionou mais decididamente a atenção para a respiração – deu um passo para trás e passou a *permitir* novamente.

Abrindo os olhos, sua atenção se ampliou para absorver tanto as sensações da respiração quanto a bela vista da sua janela. Havia montanhas cobertas de neve no horizonte. Acalmado por essa sensação de vasta expansão, Jacob começou a reavaliar sua situação. Em vez de se sentir acabado, ele percebeu a sorte de estar vivo. Por algum tempo permaneceu preenchido por sentimentos de alívio e satisfação.

Logo depois disso, enquanto lidava com a papelada do hospital, ficou angustiado de novo: "E se o câncer voltar?". Iniciou novamente a prática, notando e *permitindo* o sentimento de medo que percorria seu corpo. Reconhecendo isso, voltou-se para a respiração e se afastou novamente desse pensamento. Em um estado de maior consciência, viu tanto o pensamento de medo quanto o sentimento de ansiedade se dissiparem. "Como nuvens se dissolvendo em névoa", disse ele.

Sentimentos de maior tranquilidade surgiram. Tudo ficou ainda mais positivo e dinâmico quando seu olhar se fixou na fotografia dos seus netos na cabeceira da cama. Apreciando a imagem dos rostos sorridentes, pensou: "Com ou sem câncer, ainda tenho muito a compartilhar com eles".

A atenção de Jacob se expandiu, passando para outros aspectos positivos de ocasiões antigas e atuais: seu longo casamento com uma companheira amorosa, suas realizações profissionais e as várias atividades que ele amava realizar. Saboreando as emoções positivas que vieram com esses momentos de contemplação, ele pensou consigo mesmo "o câncer fortaleceu meu músculo da gratidão". Esses pensamentos amadureceram em sentimentos de profunda gratidão e alegria, juntamente com o impulso de passar mais tempo com a família e dar mais atenção aos entes queridos. Tudo isso aumentou seu senso de felicidade, objetivo e propósito de vida.

Essa história é um relato verídico adaptado da literatura de psicologia da atenção plena (Mindfulness) e nos fornece pistas importantes sobre como o PIM desempenha um papel fundamental na geração de felicidade e bem-estar.[5]

O que vimos na história de Vidyamala é como reações impensadas nos tornam mais infelizes, enquanto respostas inteligentes podem atenuar e até eliminar o sofrimento secundário que surge a partir dos eventos indesejados que a vida nos impõe. Apesar de sentir dores constantes, Vidyamala está feliz.

A história de Jacob desenvolve esse tema e aponta para estratégias que podemos usar para aumentar nossa própria felicidade e para que também possamos nos desenvolver. No decorrer de poucas horas, Jacob — deitado na cama do hospital — viveu um tipo de transição. Emocionalmente, o caminho teve altos e baixos. Mas, apesar das quedas e restrições pelas quais passou, o processo que se desenrolou foi aumentando aos poucos sua positividade. O PIM teve um papel importante nisso, assim como a capacidade dele de apreciar esses aspectos positivos.

Desse modo:

- Quando surgirem situações desafiadoras e difíceis, o PIM é o passo para trás. Não reaja: pare e perceba. Explore e *permita* que os elementos indesejados sejam simplesmente o que são. Seja qual for o caso, perceba como seus pensamentos são afetados pela situação. Explore como ela está afetando seus sentimentos e suas sensações corporais. Dê a si mesmo tempo para aceitar as condições impostas por essa situação.
- Aceite o fato de que grande parte da situação terá um tom negativo, mas observe que pode haver elementos que talvez sejam positivos na situação. Depois de aceitar o que é indesejado, procure por qualquer elemento positivo e tente aproveitá-lo. Permita-se aceitar esse processo para aproveitar essa experiência. Mesmo que

a situação tenha chegado da maneira mais indesejada possível, ela não precisa continuar sendo assim.

- Com *metaconsciência*, observe quando você superestima os elementos negativos nos acontecimentos. Existem padrões de pensamento e de sentimento que se repetem habitualmente? Você consegue sorrir para alguns deles? "Ah, sim, esse sou eu, criando de novo um cenário catastrófico."

Nossa experiência conjunta, ensinando Mind Time a milhares de pessoas ao longo dos anos, nos diz que, quando utilizamos o PIM, nos tornamos mais vivos, menos reativos e mais responsivos. Somos capazes de absorver mais a vida e a riqueza dela. Estamos mais presentes em cada momento. Quando estamos com outras pessoas, estamos com eles mais plenamente. Quando estamos na natureza, estamos na natureza por completo. Quando estamos realizando alguma atividade, estamos mais presentes e mais aptos a nos deixar absorver por ela. Isso quer dizer que estamos muito mais propícios a perceber e aproveitar os elementos positivos de cada momento.

Quando você utiliza o PIM, fica mais presente. Quando você está mais presente, é capaz de aproveitar o lado positivo. Quando se consegue dar um passo para trás e apreciar o que é positivo, mesmo que seja pouco, como Jacob fez em sua cama do hospital, até mesmo mudanças potencialmente catastróficas podem ser ocasiões para crescimento e desenvolvimento.

O que acontece à nossa volta está totalmente fora do nosso controle. Não sabemos o que vai acontecer no momento seguinte. Porém, de uma coisa podemos ter certeza: parte do que está por vir é o que queremos e parte não é.

Há uma história, da Índia Antiga, sobre um rei que achava que andar sobre o chão duro magoava seus pés delicados. Ele então deu uma ordem para que todo seu reino fosse coberto por couro. Mas não havia couro suficiente em seu reino para cobrir tudo, e isso o deixou muito zangado. Felizmente, seus súditos foram salvos da ira do rei por um homem sábio que encontrou outra solução: fizeram para ele um par de sandálias. Dessa forma, onde quer que pisasse, estaria pisando em couro liso.

Não podemos eliminar a dor e os acontecimentos indesejados, mas, com o PIM, passamos a vivenciá-los de maneira diferente. Em vez de tentarmos eliminar a dor do mundo, podemos, com o PIM e as práticas do Mind Time, calçar um par de sandálias. O mundo continua o mesmo, mas nos tornamos muito mais capazes de lidar com as dores e as dificuldades que inevitavelmente aparecerão em nosso caminho.

# PRINCIPAIS PONTOS DO CAPÍTULO 8

- Existem dois tipos de sofrimento: o primário e o secundário. O sofrimento primário é inevitável, pois a vida sempre nos trará coisas indesejadas. Contudo, podemos amplificar e adicionar desnecessariamente mais sofrimento quando não estamos dispostos a aceitar a situação como ela é. O PIM pode ajudar você a parar de criar sofrimento secundário.
- Quando as coisas não saírem do jeito que gostaríamos, podemos responder com mais inteligência em vez de reagirmos de maneiras que não nos ajudam. O PIM nos possibilita fazer isso.
- Podemos aumentar nossa resiliência fazendo conexões, não tornando os problemas maiores do que são, aceitando mudanças, nos movendo na direção dos nossos objetivos (mesmo que lentamente), procurando oportunidades de autodescoberta, alimentando uma autovisão positiva, mantendo as coisas em perspectiva, cultivando uma visão esperançosa e cuidando de nós mesmos. Em cada um desses elementos, o PIM vai desempenhar um papel fundamental.
- Quando desenvolvemos a capacidade de aproveitar o lado positivo das coisas, nos tornamos ainda mais resilientes.
- Não podemos eliminar o sofrimento do mundo. Mas podemos fortalecer nossa capacidade de lidar com o sofrimento que surgir pelo caminho de maneira mais inteligente. Não precisamos cobrir o mundo com couro, mas podemos calçar um par de sandálias.

# O Início

Neste ponto do livro, você deverá estar habilitado em algumas das práticas que ensinamos, aumentando sua capacidade do PIM. Você viu por si mesmo, internamente, como a mente de fato é: uma espécie de lente líquida, sempre inconstante e mutável.

Tudo começa na mente e, à medida que ela se altera e muda, o mundo que vivenciamos se altera e muda também. Com a prática regular do Mind Time, esperamos que você esteja utilizando suas capacidades e tomando a iniciativa em relação a essas mudanças.

Esperamos que você esteja começando a descobrir como a capacidade de Permitir, Investigar e da Metaconsciência ajuda a moldar suavemente sua mente para que o mundo ao seu redor seja mais rico, mais caloroso, mais cheio de possibilidades e de emoções.

- **Permitir** com mais frequência que a situação não seja nada além daquela situação.

- **Investigar** e tornar-se mais interessado na sua própria vivência, na vivência das outras pessoas e na riqueza do mundo ao seu redor.
- Ter **Metaconsciência** do fluxo de constante mudança das coisas que vivenciamos com frequência cada vez maior.

Esperamos que você encontre mais opções e que, na maior parte do tempo, seja mais responsivo e menos reativo.

A palavra-chave é "mais". Só um pouco mais. Não almeje perfeição, não espere milagres. Apenas "mais" já seria maravilhoso. Porque tudo se soma. Com o tempo, pequenas alterações se transformam em enormes mudanças.

A mente é a chave para desbloquearmos a vida que desejamos ter. O estado da mente não apenas afeta diretamente nossa felicidade, nosso aprendizado, nossa criatividade e nosso desempenho. Também afeta a felicidade, o aprendizado, a criatividade e o desempenho das pessoas ao nosso redor, da nossa família, dos nossos amigos e dos nossos colegas. O estado da mente determina como vamos experimentar a vida e tem profunda influência nas experiências vivenciadas pelas pessoas ao nosso redor.

Você já deve ter percebido que, com apenas 10 minutos por dia, você pode de fato mudar suas ideias, e que isso poderá mudar tudo.

É maravilhoso que você tenha começado a moldar sua mente. É uma jornada para uma vida toda, e você já deu início a ela. Não pare por aqui. Nossas experiências, assim como as experiências das pessoas com quem temos trabalhado ao longo dos anos, mostram que tudo fica ainda mais interessante se você continuar!

O romancista Robert Louis Stevenson escreveu: "Viajar esperançosamente é melhor do que chegar e o verdadeiro sucesso é trabalhar".[1] Stevenson estava ecoando o sentimento de um antigo ditado taoista: "A jornada é a recompensa".

Desejamos a você uma jornada gratificante. Viaje com humildade e esperança.

# Sobre Nossa Pesquisa

Existem aplicativos, livros de autoajuda e cursos que indicam que práticas de meditação Mindfulness, como o Mind Time, podem ajudar as pessoas a se tornarem mais resilientes, focadas e conscientes. E muitos acreditam que essas qualidades as ajudam a ser mais eficazes no trabalho e a ter vidas mais felizes.

Queríamos saber como o Mind Time poderia influenciar as pessoas com quem trabalhamos na Ashridge Educação Executiva (Ashridge Executive Education). Se elas participassem de um dos nossos cursos e praticassem o Mind Time com regularidade, o que mudaria? Como trabalhamos com pessoas ocupadas, que têm dificuldade para encontrar tempo para o Mind Time, também queríamos saber qual seria o esforço mínimo necessário para obter resultados.

Coletamos nossos dados de pessoas que participaram de três *workshops* de meio período com intervalos quinzenais, um *workshop* de período integral e uma teleconferência ao final do curso. Ensinamos as práticas do Mind Time, discutimos suas implicações e determinamos a realização de algumas práticas domésticas diárias do Mind Time, além de outros exercícios para cada dia de aula. Gravamos os processos e as dificuldades dos nossos participantes ao tentarem aprender as técnicas de Mindfulness durante todo o processo.

Dividimos os participantes em dois grupos e pedimos a todos que preenchessem questionários, examinando questões como resiliência, níveis de ansiedade, capacidade de estarem conscientes e habilidades interpessoais.

Em seguida, levamos o primeiro grupo ao programa e pedimos aos participantes para que praticassem o Mind Time em casa todos os dias. Eles receberam áudios para ajudá-los nas práticas. Avaliamos os dois grupos novamente após oito semanas e descobrimos que metade deles havia feito o programa e a outra metade não.

Analisamos os resultados e como eles diferiam entre os grupos. O segundo grupo foi nosso "grupo de controle", e o resultado dele nos permitiu excluir qualquer influência que somente a passagem do tempo pudesse ter em quaisquer melhorias que foram apontadas. Isso nos permitiu focar mais precisamente no efeito que o programa de treinamento teve. O segundo grupo posteriormente participou do mesmo treinamento.

Além da análise estatística, também registramos os participantes falando a respeito das experiências com o Mind Time: o que consideraram complicado e o que acharam dos benefícios, como e quando eles praticaram e o que os atrapalhou. Foram no total 27 horas de conversas e entrevistas, fornecendo dados valiosos para compreendermos o que está por trás de algumas das estatísticas e dos resultados.

Descobrimos que quanto mais Mind Time cada participante realizava, maior era a melhora da pontuação dele em diversas medidas, incluindo resiliência, colaboração, agilidade, empatia, perspectiva, tomada de consciência e total geral. Fundamentalmente, aqueles que praticaram 10 minutos ou mais por dia mostraram aumentos significativos na resiliência e atenção plena geral em comparação com aqueles que praticaram menos de 10 minutos por dia.

Nossa pesquisa também apontou alguns dos desafios que surgem no caminho. Primeiro, as pessoas buscam práticas como o Mind Time para solucionar problemas como pressão no trabalho, agendas ocupadas e enormes listas de tarefas. Mas são precisamente essas coisas que atrapalham a realização das práticas. O fato de estarem sobrecarregadas e a necessidade de foco em coisas que precisam ser feitas no curto prazo foram os motivos mais citados para se ausentar das práticas. As pessoas em nossa pesquisa que obtiveram mudanças reais foram aquelas que romperam esse ciclo autodestrutivo de pressão.

Porém, e ironicamente, a pesquisa descobriu que os participantes muitas vezes se repreendiam por não realizarem as práticas, se sentindo culpados e até ansiosos. "Estou muito estressado com essa meditação Mindfulness", confessou uma pessoa exasperada. À medida que colocavam mais pressão sobre si mesmos, alguns participantes deixaram de gostar das práticas e outros desistiram. Contudo, a maioria continuou, e os benefícios que eles colheram estão neste livro.

Quando você está tentando desenvolver um novo hábito, como é o caso do Mind Time, é de suma importância receber ajuda e apoio de outras pessoas, e algumas pessoas que fizeram parte desse estudo receberam incentivo de parceiros e de colegas de trabalho. E esse apoio as sustentou em momentos em que poderiam ter desistido.

A realidade é que, assim como acontece quando alguém quer ficar em forma, desenvolver a atenção plena (Mindfulness) exige treinamento, e isso significa que você terá que praticar. Abrir mão de 1% do seu tempo, porém, é um preço baixo a ser pago pelos benefícios proporcionados.

# Sobre os Autores

## MICHAEL CHASKALSON

Nasci e cresci na África do Sul sob o domínio do Apartheid. Saí de lá assim que pude, e aos 18 anos fui morar na Inglaterra. Durante toda minha infância e adolescência fui atormentado por algumas questões filosóficas como: "O que significa ser bom?", "Qual é a melhor maneira de viver minha vida?" e "Qual é a verdadeira fonte da felicidade?". Tentando encontrar respostas, fui para a Universidade de East Anglia, em Norwich, Inglaterra, para estudar Filosofia. Mas isso não me ajudou. A filosofia acadêmica britânica dos anos 1970 tinha outros interesses. Pouco antes de me formar, porém, um dos meus tutores, compreendendo minhas preocupações, me apresentou a um budista inglês que viera à cidade para criar um centro budista. Ele me ensinou a meditar, ouviu minhas perguntas, não respondeu a nenhuma delas, e pronto: fui fisgado.

Eu senti que poderia encontrar algumas respostas seguindo a prática da meditação e observando minhas perguntas com mais profundidade. E foi o que eu fiz. Passei os trinta anos seguintes envolvido integralmente em atividades budistas, vivendo em comunhão com outras pessoas em centros budistas urbanos ou em retiros rurais, praticando meditação e estudando teoria budista.

Aos 25 anos de idade, fiz uma incursão nos negócios. Um amigo estava organizando projetos de assistência social com budistas indianos muito carentes e me perguntou se eu poderia ajudá-lo a angariar fundos para esse trabalho. Decidimos que eu montaria uma empresa de comércio exterior no Reino Unido, vendendo (no atacado e no varejo) produtos vindos da Índia e que enviaria parte dos lucros para aquele país a fim de financiar seu trabalho.

O negócio passou por muitas mudanças. Algumas delas foram muito estressantes, mas com o tempo ele cresceu e chegou a prosperar. No auge da empresa, havia algumas centenas de empregados e as vendas compreendiam £ 10 milhões por ano. Eu doava cerca de £ 1 milhão para instituições de caridade. Mas administrar um negócio não era o que agradava meu coração. Voltei então a meditar em tempo integral, estudar, ensinar e, consequentemente, escrever sobre budismo, vivendo uma vida simples.

Em 2003, decidi que era hora de fazer outra mudança. Eu queria voltar a me envolver com pessoas, não apenas pessoas que vinham para os centros budistas, e procurei algo que me permitisse fazer isso. A meditação Mindfulness estava começando a fazer parte da área clínica no Reino Unido e algumas pessoas estavam sendo treinadas na área da saúde para usá-la. Entrei então para o primeiro programa de mestrado em Mindfulness do mundo, que ensinava aspectos clínicos da prática.

Eu fui o primeiro graduado desse programa, o primeiro "mestre" do mundo em Mindfulness (o que quer que tenha acontecido na minha vida, é meu direto reivindicar essa honra!). Também lecionei no programa por vários anos.

Por estar trabalhando com profissionais de saúde mental, foi um curto passo para passar a ensinar meditação Mindfulness a *coaches* executivos. Eles, por sua vez, me apresentaram às empresas onde trabalhavam e, aos poucos, meu trabalho passou a se concentrar cada vez mais no ensino do Mindfulness em empresas, principalmente em nível sênior.

Eu estava de volta ao meu interesse inicial pelos negócios.

Atualmente, ensino em escolas de administração e administro uma consultoria em Mindfulness. É uma vida muito diferente dos meus dias anteriores como um quase monge, mas igualmente gratificante. Casei-me com Annette, minha maravilhosa parceira de muitos anos. Tenho enteadas, genros e quatro lindos netos. Viajo, ensino, escrevo e pratico Mind Time. Mesmo depois de todos esses anos praticando, ele ainda é meu alicerce.

Nos mais de quarenta anos passados desde meados da década de 1970, quando comecei a me envolver nas práticas da meditação Mindfulness, ela expandiu-se na cultura popular da maneira que muitos desejavam, mas poucos haviam previsto. O desafio agora é garantir que permaneça fiel às suas raízes mais profundas, além de ajudar tantas pessoas quanto possível.

Minha fervorosa esperança com este livro é que ele possa ajudar as pessoas a verem que as práticas oferecidas não são exóticas e nem apenas para poucos iniciados especializados e treinados. Ao mesmo tempo, espero que, ao praticar, você consiga perceber que ela pode ser de fato muito profunda. Estou muito consciente do privilégio e da responsabilidade que representa ajudar alguém a dar os primeiros passos em uma jornada que pode mudar por completo a vida dessa pessoa. Se você já começou a praticar, continue. Há muito mais a ser descoberto!

## MEGAN REITZ

No meu último ano na universidade em Cambridge, quando todos os meus amigos estavam procurando emprego, eu não tinha ideia do que queria fazer da minha vida. Então, decidi fazer uma viagem de "mochilão" por um ano e meio para me encontrar.

Meu pai, um fazendeiro produtor de leite, e minha mãe, professora, me deram noção da importância da paixão pelo trabalho e pelo caminho que escolhemos trilhar na vida.

Vi o Taj Mahal, aprendi a mergulhar na Tailândia, vendi pinturas a óleo na traseira de uma caminhonete na Austrália, pulei de *bungee-jump* na Nova Zelândia, fiz trilhas pela Bolívia e li textos místicos no Peru.

Mas não me encontrei.

Em vez disso, fiz algo que você faz quando não tem certeza do que você quer fazer: me tornei consultora de gestão. Trabalhei duro e acabei no boo.com, o paradigma do *boom* da Internet no final dos anos 1990. Aos 26 anos, eu me vi liderando uma equipe global com ingênua confiança e voando ao redor do mundo. Então a empresa, que chegou a ser avaliada em US$ 500 milhões, "quebrou".

Apesar da perda completa de valor das minhas ações da empresa e de não ter sido remunerada pelas minhas últimas semanas de trabalho, essa perda financeira não me incomodou muito. Eu percebi que não era isso que dava significado ao trabalho ou à vida para mim. Mas eu ainda não tinha certeza do que poderia dar.

Saí novamente para me encontrar.

Dessa vez, viajei para a América Central. Não tive nenhum tipo de epifania. Mas, milagrosamente, conheci meu futuro marido, Steve, na Guatemala. Agora eu tinha um parceiro que era, e é, decididamente, solidário.

No meu retorno, entrei para outra consultoria de gestão, onde aprendi a aplicar uma fórmula para "gerenciamento de mudanças" nas empresas. Mas o trabalho em organizações que tentavam forçar projetos de mudança e reestruturação foram me conscientizando cada vez mais de um sentimento de vazio em mim e nos outros. A palavra que descreve a maioria das relações que eu via dentro das empresas é "transacional".

Em 2002, um velho amigo e companheiro de viagens me convidou para um *workshop* de Mindfulness no fim de semana, facilitado por Michael. Foi o primeiro passo para que eu encontrasse uma resposta para a pergunta pela qual fiquei absorta, pessoal e profissionalmente: "O que nos conecta de maneira profunda e significativa aos outros, à vida e ao trabalho?.

Esse foi o começo da exploração da minha capacidade pessoal de estar "totalmente presente" na vida, em vez de ser consumida por planejamentos, reminiscências, ruminações e devaneios. Eu queria viver plena, integral e apaixonadamente com responsabilidade. Eu queria inspirar aqueles ao meu redor a fazerem o mesmo.

Sempre motivada a buscar um entendimento mais profundo, estudei para obter um mestrado na Universidade de Surrey e depois fiz um mestrado e um doutorado na Universidade Cranfield. Tornei-me professora de administração na escola de educação executiva Ashridge. Eu também continuei a participar de retiros de silêncio e passei a treinar de maneira mais estruturada a meditação Mindfulness.

Mas foi a chegada das minhas duas filhas, Mia e Lottie, que me fez mudar de fato. A possibilidade de conexão entre seres humanos ganhou significado muito mais íntimo. Como ser a melhor mãe possível?

Surgiram questões imediatas. E se eu voltar para casa após algum compromisso difícil de trabalho, distraída e estressada, como meu estado afetaria a maneira como elas vivenciam o mundo? O que estou ensinando consciente e inconscientemente sobre como se relacionarem com elas mesmas e com os outros? Como viver uma vida de propósito e significado? Como não me deprimir em demasia quando não atinjo meus altos ideais de ser uma mãe perfeita?

Ao longo dos anos, voltei-me cada vez mais à prática da meditação Mindfulness para observar como meus pensamentos e sentimentos influenciam a maneira como respondo aos eventos ao meu redor e como eles afetam minha relação com os outros.

Em paralelo, fui dedicando cada vez mais tempo ao *coach* de executivos. Sempre me perguntava como eles poderiam desenvolver a capacidade para se tornarem mais atentos em suas ações. Se eles fossem mais atentos, poderiam liderar organizações mais humanas, e talvez isso abrisse a possibilidade para que seus funcionários se conectassem e prosperassem.

Desde que comecei a praticar regularmente o Mind Time, aprendi muito mais sobre o que é necessário para se viver uma vida gratificante, neste momento e nos momentos que estão por vir. E estou otimista, porque sei que não é complicado.

Práticas simples, realizadas todos os dias, me ajudam cada vez mais a me encontrar. Percebi que eu não precisava ir longe. Estive aqui o tempo todo com meu corpo. Agora também estou aqui com minha mente.

# Agradecimentos

Gostaríamos de agradecer a todos que nos ajudaram no livro e na pesquisa que sustenta esta obra. Em particular, gostaríamos de agradecer à equipe de Pesquisa em Educação Executiva da Ashridge, na Hult International Business School, especialmente nossos copesquisadores, Lee Waller e Sharon Olivier. Agradecemos também a Grace Brown, Viktor Nilsson e Sam Wilkinson, que prestaram assistência vital nas análises dos dados e na revisão da literatura.

Carolyn Thorne, da Harper Thorsons, Erika Lucas, da Ashridge, e Stuart Crainer e Des Dearlove, da Thinkers50, nos deram inestimável suporte durante todo processo de edição e publicação.

Gostaríamos também de agradecer a todas as pessoas que participaram dos nossos programas e da pesquisa em si, pelo incentivo e comprometimento. Desejamos a todos o melhor e que continuem a desenvolver sua capacidade do PIM.

Por fim, gostaríamos de agradecer de todo o coração a Annette Chaskalson e a Steve Reitz que, com grande bondade e paciência, leram este texto cuidadosamente, com uma dedicação muito além da esperada. Suas sábias visões e seus conselhos ajudaram o livro a tornar-se muito mais legível, e esperamos que muito mais apropriado a uma ampla gama de leitores.

# Outros Recursos

Se você quiser ler mais sobre o assunto ou se envolver com a prática da meditação Mindfulness de maneira mais sistemática, o livro de Michael Chaskalson *Mindufulness in Eight Weeks: The Revolutionary Eight-week Plan to Clear Your Mind and Calmo Your Life*\* (HarperThorons, 2014) é um bom lugar para começar.

Se você quiser saber mais sobre nossa pesquisa, acesse o relatório no www.hult.com ou em nossos próprios *sites* (veja a seguir). Você também pode ler nossos artigos na *Harvard Business Review*, www.hbr.org.

Se você estiver interessado em descobrir mais sobre como a prática do Mindfulness pode ajudar com dores e doenças crônicas, Vidyamala Burch tem muita sabedoria para compartilhar. Em http: //www.vidyamala-burch. com você vai descobrir mais sobre essa prática, sobre a organização Breathworks que ela fundou e seus livros.

---

\* *Mindfulness em Oito Semanas: Um Plano Simples e Revolucionário para Iluminar sua Mente e Trazer Serenidade para sua Vida*, publicado pela Editora Pensamento, São Paulo, 2017.

O livro de Ruby Wax, *A Mindfulness Guide for the Frazz* é um conto divertido sobre como usar as práticas como as que ensinamos aqui para nos ajudar a lidar com o mundo louco de hoje. Você pode descobrir mais sobre Ruby e o trabalho dela em http://www.rubywax.net.

Para saber mais sobre algumas das ideias e das práticas que discutimos aqui, como questões sobre depressão, veja o *livro The Mindful Way Through Depression: Freeing Yourself from Chronic Unhappiness* (Guilford, 2007), de Mark Williams, John Teasdale e Zindel Segal. Se quiser saber mais sobre como podemos ajudá-lo a levar esse treinamento para seu local de trabalho, consulte www.mbsr.co.uk e www.meganreitz.com.

# Referências

## Introdução

1. Micheva, K. D., Busse, B., Weiler, N. C., O'Rourke, N., e Smith, S.J. (2010). "Single-synapse analysis of a diverse synapse population: proteomic imaging methods and markers." *Neuron 68* (4), 639-53.
2. Killingsworth, M. e Gilbert, D. (2010). "A wandering mind is an unhappy mind." *Science 330* (6006), 932.
3. Ophir, E., Nass, C. e Wagner, A. D., (2009). "Cognitive control in media multitaskers." *PNAS106* (37) 15583-15587.

## Capítulo 1: Por Que PIM?

1. http://www.independent.co.uk/life-style/health-andfamilies/health--news/adults-uk-under-sleeping-health-sleepfatigue- a6963631.html.
2. Ver pesquisas sobre investigação ativa, como Judi Marshall (2016), *First Person Action Research* (Sage Publications).
3. Reitz, M. e Higgins, J. (2017). "Being silenced and silencing others: developing the capacity to speak truth to power." *Hult Research Report*. Disponível em https://www.ashridge.org.uk/faculty-research/research/current-research/research-projects/speaking-truth-to-power/. Ver também Reitz, M. e Higgins, J. (2017). "The problem with saying my door is always open." *Harvard Business Review on-line*. Disponível em https://hbr.org/2017/03/the-problem-with-saying-my-door-is-always-open.

## Capítulo 2: Aprendendo o PIM

4. http://www.jad-journal.com/article/0165-0327(94)00092-N/abstract.
5. https://today.duke.edu/2016/03/koh.
6. Lazar, S. W., *et al*. (2005). "Meditation experience is associated with increased cortical thickness." *Neuroreport* 16(17), 1893-7.
7. Hölzel, B. K., Carmody, J., Vangel, M., Congleton, C., Yerramsetti, S. M., Gard, T. e Lazar, S. W. (2011). "Mindfulness practice leads to increases in regional brain gray matter density." *Psychiatry Research* 191(1), 36-43.
8. Farb, N. A., *et al*. "Attending to the present: mindfulness meditation reveals distinct neural modes of self-reference." *SCAN*, vol. 2 (2007), 313-22.
9. Watson, N., et al. (2015). Recommended amount of sleep for a healthy adult: a joint consensus statement of the American Academy of Sleep Medicine and Sleep Research Society." *Journal of Clinical Sleep Medicine 11*, 591-92.

## Capítulo 3: PIM para Melhorar os Relacionamentos

1. http://content.time.com/time/health/article/0,8599,2006938,00.html.
2. https://www.mentalhealth.org.uk/sites/default/files/the_lonely_society_report.pdf.
3. http://www.acas.org.uk/media/pdf/j/m/Flexible-working-andwork--life-balance.pdf.
4. https://hbr.org/2017/04/a-new-more-rigorous-study-confirms-the-more-you-use-facebook the-worse-you-feel.
5. Ver *I'm OK, You're OK by Thomas Anthony Harris* (1967), que detalha o pensamento do psiquiatra Eric Berne.
6. Adaptado do programa de lideranças do Google Search Inside Yourself.
7. Inspirado em Barbara Fredrickson (2014), *Love 2.0: Finding Happiness and Health in Moments of Connection* (Plume) e também em Megan Reitz (2015), *Dialogue in Organizations: Developing Relational Leadership* (Palgrave Macmillan).

8. http://edition.cnn.com/2017/04/12/health/compassion-happiness-
-training/.
9. Stephen Covey (1989). *Seven Habits of Highly Effective People* (Free Press).
10. Ver *The Ladder of Inference in Peter Senge* (1990), *The Fifth Discipline* (Doubleday).
11. http://www.bbc.co.uk/news/science-environment-28512781.
12. Nancy Klein (2002). *Time to Think: Listening to Ignite the Human Mind* (Cassell).
13. Hatfield, E., Cacioppo, J. T. e Rapson, R. L. (1993). *Emotional contagion. Current Directions in Psychological Sciences* 2(3), 96-100.

## Capítulo 4: PIM para Ser feliz

1. Agradecemos a Jack Kornfield por essa ideia. Jack Kornfield (2011). *A Lamp in the Darkness: Illuminating the Path Through Difficult Times* (Sounds True Inc.), p. 7.
2. Brickman, P., Coates, D. e Janoff-Bulman, R. (1978). "Lottery winners and accident victims: is happiness relative?" *Journal of Personality and Social Psychology* 36(8), 917-27.
3. Davidson, R. J., *et al.* (2003). "Alterations in brain and immune function produced by mindfulness meditation." *Psychosomatic Medicine* 65, 564-70.
4. Sutton, S. K. e Davidson, R. J. (1997). "Prefrontal brain asymmetry: a biological substrate of the behavioral approach and inhibition systems." *Psychological Science* 8 (3), 204-10.
5. Urry, H., *et al.* (2004). "Making a life worth living: the neural correlates of well-being." *Psychological Science* 15(6), 367-72.
6. Davidson, R. J., *et al.* (2003). "Alterations in brain and immune function produced by mindfulness meditation." *Psychosomatic Medicine* 65, 564-70.
7. R. Hanson (2009). *Buddha's Brain* (New Harbinger).
8. Baumeister, R. F., Finkenauer, C. e Vohs, K. D. (2001). "Bad is stronger than good." *Review of General Psychology* 5(4), 323-70.
9. Fredrickson, B. L. (2013). "Updated thinking on positivity ratios." *American Psychologist* 68(9), 814-22.
10. *Ibid.*
11. Barbara Fredrickson (2010). *Positivity* (Oneworld).

12. *Ibid.*
13. Johnson, K. J. e Fredrickson, B. L. (2005). "Positive emotions eliminate the own-race bias in face perception." *Psychological Science* 16, 875-81.
14. Rowe, G. J., Hirsch, J. B. e Anderson, A. K. (2007). "Positive affect increases the breadth of attentional selection." *Proceedings of the National Academy of Sciences of the United States of America* 104, 383-88.
15. Fredrickson, B. L. e Joiner, T. (2002). "Positive emotions trigger upward spirals toward emotional well-being." *Psychological Science* 13 (2), 172-75.
16. Fredrickson, B. L. (2013). "Updated thinking on positivity ratios." *American Psychologist* 68(9), 814-22.
17. Emmons, R. A. e McCullough, M. E. (2003). "Counting blessings versus burdens: an experimental investigation of gratitude and subjective well-being in daily life." *Journal of Personality and Social Psychology* 84, 377-89.
18. Williams, L. A. e DeSteno, D. (2008). "Pride and perseverance: the motivational role of pride." *Journal of Personality and Social Psychology* 94(6), 1007-017.
19. Fredrickson, B. L., *et al.* (2008). "Open hearts build lives: positive emotions, induced through loving-kindness meditation, build consequential personal resources." *Journal of Personality and Social Psychology* 95(5), 1045-062.

## Capítulo 5: PIM No Trabalho

1. http://www.usatoday.com/story/money/2016/10/17/job-juggle--real manyamericans-balancing-two-even-threegigs/92072068/.
2. https://www.ft.com/content/e32e13b2-a32b-11e4-bbef-00144fea-b7de.
3. http://www.radicati.com/wp/wp-content/uploads/2015/02/Email--Statistics-Report-2015-2019-Executive-Summary.pdf.
4. http://www.ccl.org/wp-content/uploads/2015/04/AlwaysOn.pdf.
5. *Ibid.*
6. Megan Reitz (2015). *Dialogue in Organizations: Developing Relational Leadership* (Palgrave Macmillan).

7. http://www.usatoday.com/story/money/business/2013/06/08/countries-most-vacation-days/2400193/.

8. https://hbr.org/2015/04/why-some-men-pretend-to-work-80-hour--weeks.

9. K. Ashby e M. Mahdon (2010). *Why Do Employees Come to Work When Ill? An Investigation into Sickness Presence in the Workplace* (The Work Foundation).

10. http://www.thelancet.com/journals/lancet/article/PIISO140-6736(15)60295-1/fulltext.

11. https://www.washingtonpost.com/news/on-leadership/wp/2015/08/24/working-more-than-55-hours-a-week-is-bad-foryou-in-manyways/?tid=a_inl&utm_term=.760fd 664bb74.

12. http://ftp.iza.org/dp8129.pdf.

13. http://www.danielgilbert.com/KILLINGSWORTH%20&%20GILBERT%20(2010).pdf.

14. https://www.steelcase.com/insights/articles/makingdistancedisappear/?utm_soure= Social+Media&utm_medium=Twitter.

15. https://www.atlassian.com/time-wasting-at-work-infographic.

16. *Ibid*.

17. http://www.dailymail.co.uk/femail/article-2298347/Supermums--Two-thirds-mothers-admit-multi-tasking-EVERY-waking-hournew--survey-reveals.html.

18. http://edition.cnn.com/2005/WORLD/europe/04/22/text.iq/.

19. Stephen Covey (1989). *Seven Habits of Highly Effective People* (Free Press).

20. Jeff Immelt, em uma carta aos acionistas da General Electric, https://www.ge.com /ar2014/ceo-letter/.

21. http://www.claesjanssen.com/four-rooms/index.shtml.

22. Martin Buber (1937). *I and Thou*.

23. https://www.weforum.org/agenda/2016/11/70-of-employeessay--they-are-disengaged-at-work-heres-how-to-motivate-them/.

24. https://www.psychologicalscience.org/news/releases/im-boredresearch-on-attention-can-help-us-understand-the-unengaged-mind.html.

25. Clance, P. R. e Imes, S. A. (1978). "The imposter phenomenon in high achieving women: dynamics and therapeutic intervention." *Psychotherapy: Theory, Research and Practice* 15 (3): 241-247. doi:10.1037/h0086006.

26. https://www.forbes.com/sites/amymorin/2016/01/30/5-surefire-
    -signs-youre-dealing-with-a-psychopath/#7ce37cb962f6.
27. *Ibid*.
28. http://www.telegraph.co.uk/news/2016/09/13/1-in-5-ceosare-psy-
    chopaths-australian-study-finds/.
29. http://www.telegraph.co.uk/women/work/imposter-syndrome-why-
    -do-so-many-women-feel-like-frauds/.

## Capítulo 6: PIM para Melhorar a Saúde

1.  http://www.who.int/topics/physical_activity/en/.
2.  http://bjsm.bmj.com/content/43/1/1.
3.  Tsafou, K.E. *et al.* (2015). "Mindfulness and satisfaction in physical activity: a cross-sectional study in the Dutch population." *Journal of Health Psychology* 21(9), 1817-27.
4.  Erisman, S. M. e Roemer, L. (2010). "A preliminary investigation of the effects of experimentally induced mindfulness on emotional responding to fi lm clips." *Emotion* 10(1), 72-82.
5.  Jislin-Goldberg, T., Tanay, G. e Bernstein, A. (2012). "Mindfulness and positive affect: cross-sectional, prospective intervention, and real-time relations." *Journal of Positive Psychology* 7(5), 349-61.
6.  Baldwin, A. S., Baldwin, S. A. e Loehr, V.G. (2013). "Elucidating satisfaction with physical activity: an examination of the day-today associations between experiences with physical activity and satisfaction during physical activity initiation." *Psychology & Health* 28(12), 1424-441.
7.  Ulmer, C. S., Stetson, B. A. e Salmon, P. G. (2010). "Mindfulness and acceptance are associated with exercise maintenance in YMCA exercisers." *Behaviour Research and Therapy* 48(8), 805-09.
8.  http://www.nhs.uk/Livewell/fitness/Pages/physical-activityguidelines-
    -for-adults.aspx.
9.  Sack, R., *et al.* (2007). "Circadian rhythm sleep disorders: Part1, Basic principles, shift work and jetlag disorders." *Sleep* 30, 1460–83.
10. Lanaj, K., Johnson, R. e Barnes, C. (2014). "Beginning the working day yet already depleted? Consequences of late-night smartphone use and sleep." *Organizational Behaviour and Human Decision Processes* 124, 11-23.

11. Watson, N., *et al.* (2015). "Recommended amount of sleep for a healthy adult: a joint consensus statement of the American Academy of Sleep Medicine and Sleep Research Society." *Sleep* 38, 843-44.
12. https://www.ashridge.org.uk/getmedia/26b590f7-dd02-4491-8f-0c8dea0b70664a/ Business-of-Sleep.pdf.
13. http://www.nhs.uk/Livewell/insomnia/Pages/insomniatips.aspx.
14. Ong, J. C., Shapiro, S. L. e Manber, R. (2008). "Combining mindfulness meditation with cognitive-behavior therapy for insomnia: a treatment-development study." *Behavior Therapy* 39(2), 171-82.
15. Agradecemos Elizabeth English por ter apontado isso.
16. K. Duff (2014). *The Secret Life of Sleep* (Oneworld Publications).
17. Hamzelou, J. (2012). "Overeating now bigger global problem than lack of food." *New Scientist*, https://www.newscientist.com/article/dn23004-overeating-now-bigger-global-problem-thanlack-of--food/.
18. Pezzolesi, C. e Placko, I. (2015). *The Art of Mindful Eating: How to Transform Your Relationship with Food and Start Eating Mindfully* (CreateSpace).
19. http://www.ejcr.org/publicity/April_2016/April2016Release2.pdf.
20. http://www.telegraph.co.uk/news/2017/04/16/day-princeharry--showed-world-talk-problems/.

## Capítulo 7: PIM Melhorar o Equilíbrio Entre a Vida Profissional e a Vida Pessoal

1. https://www.mentalhealth.org.uk/a-to-z/w/work-life-balance.
2. Yerkes, R. M. e Dodson, J. D. (1908). "The relation of strength of stimulus to rapidity of habit-formation." *Journal of Comparative Neurology and Psychology* 18, 459–82.
3. https://www.mentalhealth.org.uk/a-to-z/w/work-life-balance.
4. https://www.deloitte.co.uk/mobileuk/.
5. https://www.deloitte.co.uk/mobileuk/better-living/.
6. http://www.telegraph.co.uk/technology/mobile-phones/9646349/Smartphones-and-tablets-add-two-hours-to-the-workingday.html.
7. *Ibid*.
8. https://www.theguardian.com/lifeandstyle/2014/nov/07/ten-tips--for-a-better-work-life-balance.

9. A cada dia, 6 mil pessoas no Reino Unido assumem o cuidado de pessoas com problemas de saúde – mais de 2 milhões de pessoas por ano. Ver https://www.carersuk.org/news-and-campaigns/press--releases/facts-and-figures.

10. Nos Estados Unidos, cerca de 44 milhões de pessoas assumiram a função de cuidar da saúde de alguém, seja um parente idoso, um cônjuge doente ou uma criança com deficiência. Ver http://www.caregiving.org/caregiving2015/.

11. Metade das crianças nos Estados Unidos terão vivido em um lar com apenas um dos seus genitores antes de completarem 18 anos de idade.Ver http://www.sciencedirect.com/science/article/pii/S0090261616300705.

## Capítulo 8: Utilizando o PIM em Momentos Difíceis

1. https://www.everyday-mindfulness.org/interviews/interview-withvidyamala-burch/.

2. V. King (2016), 10 Keys to Happier Living (Headline).

3. A. S. Masten (2015). *Ordinary Magic: Resilience in Development* (Guilford Press).

4. http://www.apa.org/helpcenter/road-resilience.aspx.

5. Adaptamos essa história de uma outra contada por Eric Garland em Garland, E. L., Farb, N.A., Goldin, P. R. e Fredrickson, B. L. (2015). "Mindfulness broadens awareness and builds eudaimonic meaning: a process model of mindful positive emotion regulation." *Psychological Inquiry* 26(4), 293-314.

## O Início

1. Citações de Robert Louis Stevenson, de Virginibus Puerisque (1881).